MANUEL
DU
VISITEUR DU PRISONNIER

PAR

DONA CONCEPCION ARENAL

Auteur du *Manuel du Visiteur du Pauvre*

TRADUCTION FRANÇAISE

Vendue au profit de l'Œuvre des Libérées de Saint-Lazare

Consolez et vous serez consolé

PARIS
AU SECRÉTARIAT DE L'ŒUVRE DES LIBÉRÉES DE SAINT-LAZARE
28, PLACE DAUPHINE, 28

1893

MANUEL
DU
VISITEUR DU PRISONNIER

DOÑA CONCEPCION ARENAL.

MANUEL

DU

VISITEUR DU PRISONNIER

PAR

DOÑA CONCEPCION ARENAL

Auteur du *Manuel du Visiteur du Pauvre*

TRADUCTION FRANÇAISE

Vendue au profit de l'Œuvre des Libérées de Saint-Lazare

Consolez et vous serez consolé.

PARIS
AU SECRÉTARIAT DE L'ŒUVRE DES LIBÉRÉES DE SAINT-LAZARE
28, PLACE DAUPHINE, 28

1893

A Madame Isabelle BOGELOT

Directrice de *l'Œuvre des Libérées de Saint-Lazare*

Je mets dans vos mains amies le Manuel du visiteur du prisonnier *auquel vous avez tant collaboré avec votre cœur et vos encouragements.*

Grâce à vous, il ne sera pas reçu en France comme un étranger, mais comme un ami.

Puisse-t-il porter un bon conseil à ceux qui ont moins d'expérience que vous et une aumône à vos malheureuses protégées.

A vous de tout mon cœur,

Concepcion ARÈNAL.

Novembre 1892.

Vigo
Espagne.

AVERTISSEMENT

A qui s'adresse ce livre? Nous croyons que la réponse est dans le titre. A qui pourrait-il s'adresser, sinon à ceux qui visitent les prisonniers.

Il y a deux classes de visiteurs, ceux qui viennent au nom de la science, et ceux qui viennent au nom de la charité; les uns se proposent d'étudier le délinquant, les autres veulent consoler l'homme, lui donner le secours moral en prison et l'aider quand il en sortira.

Nous ne nous adressons pas aux visiteurs scientifiques, nous manquons de compétence pour leur faire la leçon; et de plus, nous n'avons pas foi dans le résultat de leurs études, surtout si, comme il le semble, ils étudient les prisonniers comme un malade à la clinique.

Nous continuons de penser ce que nous pensions déjà, il y a quelques années, quand nous disions (1) :

« Les observations doivent se faire, on pour-
« rait dire sans l'idée de les faire, ou du moins,
« sans donner à le comprendre.

« Le médecin qui vient pour guérir ou sou-
« lager le prisonnier, le professeur qui vient
« pour l'instruire, l'aumônier, le visiteur qui
« viennent pour le corriger et le consoler en
« lui promettant de l'aider au jour de la libé-
« ration, l'employé qui cherche à rendre la
« captivité moins triste, non par de coupables
« complaisances, mais en appliquant la règle
« avec regret quand elle est dure, avec
« plaisir quand elle permet quelque soula-
« gement au prisonnier, sans jamais manquer
« aux formes et à cette considération qu'au-
« cune personne digne ne refuse au malheur

(1) *Bulletin de la société générale des prisons.* 1886. page 857. Clinique criminelle.

« et à la faiblesse ; ce sont ceux-là qui voyant
« toujours le détenu à ses heures de déses-
« poir ou de résignation, soit qu'il médite une
« vengeance ou forme le dessein de se corri-
« ger, qu'il soit furieux et maudisse le témoin
« qui a déposé contre lui, qu'il pleure au sou-
« venir de sa mère, qu'il mente ou dise la vé-
« rité, qu'il reste impénétrable ou se livre
« tout entier ; ce sont ceux-là dis-je, qui, l'un
« l'un après l'autre, en tête à tête avec lui,
« peuvent apprendre quelque chose de ce qui
« se passe dans son cœur et fournir des don-
« nées sur la psychologie du détenu.

« Il ne nous semble pas raisonnable d'iden-
« tifier les détenus avec des malades et les
« prisons avec des hôpitaux.

« Nous ne croyons pas que la *classe pratique*
« d'élèves en Droit Pénal, visitant les prisons
« avec leur professeur ait rien de pratique,
« bien que sous d'autres points de vue cette
« visite puisse avoir son utilité.

« Ce n'est pas que nous ayons quelque
« préjugé contre une semblable visite, au con-
« traire, nous nous félicitons que sous l'em-
« pire d'une idée quelconque des personnes

« honnêtes entrent dans les prisons, car le
« pire qui puisse arriver, c'est qu'il n'y entre
« personne comme c'est arrivé jusqu'à pré-
« sent.

« Les prisons ne seraient pas ce qu'elles
« sont, il ne s'y serait pas passé ce qui s'y est
« passé et s'y passe encore dans plusieurs,
« sans l'isolement où les a laissées l'indiffé-
« rence publique.

« Bienvenus soient donc ceux qui veulent
« y entrer dans un but plausible, alors même
« qu'il ne soit peut-être pas réalisable, parce
« que leur présence là, si elle ne fait pas le
« bien qu'ils se proposent, en fera un autre.

« Ceux qui veulent y aller étudier le pri-
« sonnier sont dignes d'éloges et ont droit à
« notre gratitude parce qu'ils contribueront à
« mettre en communication le monde régi
« par la loi pénale avec le monde qui ne se
« trouve pas sous son empire, et à ce que la
« conscience publique, qui fait ou laisse faire
« les lois, sache ce qu'elles sont dans la pra-
« tique et ce que signifie un an, dix ans, vingt
« ans de réclusion » (1).

(1) Après avoir écrit ce qui précède nous avons vu dans

Non seulement le public, mais encore les tribunaux qui infligent ces peines l'ignorent.

Maintenant qu'il est d'usage de comparer les détenus à des malades, on peut dire que le juge, sauf de rares exceptions, est un médecin qui ne sait ni la composition ni les effets des médicaments qu'il ordonne.

Applaudissant en toute sincérité au mouvement scientifique qui pousse à étudier le détenu, nous continuons à croire que cette étude ne peut se faire collectivement et en masse par la *Revista* un résumé des règlements des prisons de Prusse et nous avons lu avec étonnement, un grand étonnement, ce qui suit :

SECRET

« Les employés doivent garder un secret absolu relative-
« ment à ce qui se rapporte aux affaires de service qui ne
« doivent *jamais* être divulguées, ni communiquées au
« public. Toute contravention à cette défense doit être
« punie sévèrement, même de la destitution de l'emploi
« sans droit à la retraite. Afin d'assurer le secret, les em-
« ployés doivent s'abstenir de communiquer à leur famille
« ou à leurs domestiques rien de ce qui se rapporte au
« service de l'établissement.

« Les employés, bien qu'ils ne soient plus en service
« actif, sans la permission de la dernière autorité aux
« ordres de laquelle ils ont été, ne peuvent être témoins
« dans une cause civile ou criminelle relativement à
« des circonstances qui se rapportent à des affaires de

les étudiants en Droit. Des personnes dont le sentiment est plus autorisé que le nôtre partagent cette croyance.

M. Lacointa est d'avis que les visites scientifiques se fassent à *deux* au plus.

M. Ivan Joiniski ne veut pas que les *étudiants* pénètrent souvent dans les prisons et il croit que cinq visites par an suffiraient.

Un autre motif que nous avons encore pour nous féliciter de ce que la visite aux prisons fasse partie de l'enseignement du droit pénal;

« service au sujet desquelles ils étaient obligés à garder le « silence ».

Ces instructions semblent faites plutôt pour des bourreaux de l'Inquisition à une époque de fanatisme religieux et d'ignorance que pour les fonctionnaires d'un peuple civilisé à un haut degré et à la fin du xixe siècle.

Que se passe-t-il donc dans les prisons prussiennes qu'il faille le cacher à toute force aux yeux du public ?

Si ce qui s'y passe est bon quel inconvénient y a-t-il à ce qu'on le sache ?

Si c'est mauvais, on doit le savoir pour le corriger. Le public est-il féroce, fou ou ignorant au point d'être incapable de juger la sagesse et l'humanité des prisons de Prusse ?

Le public n'est ni féroce, ni sot, il est *indifférent* ; c'est pourquoi on peut lui crier : *arrière*, sans qu'il s'en trouve offensé. De pareilles instructions ne convainquent que d'une chose, c'est qu'il faut les combattre.

c'est l'espoir que les visiteurs scientifiques (quelques-uns du moins) se convertiront en visiteurs charitables.

La science et la charité ont de grandes affinités et il est possible que celui qui sera entré à la prison pour étudier le criminel en sorte plein de compassion pour l'homme.

En tous cas, nous le répétons, nos observations ne s'adressent nullement au visiteur scientifique.

CHAPITRE PREMIER

Des aptitudes pour visiter le prisonnier

Quand le visiteur d'un prisonnier s'est fait cette réflexion : « *Je vais trouver celui auquel je ressemblerais si Dieu n'avait pas étendu sa main sur moi* », il a le programme le plus étendu de son mandat. La parole qui va au cœur et qui touche ne saurait lui manquer.

Cette parole de César Pratési au Congrès de Stockolm est la plus profonde leçon que puisse recevoir le visiteur qui en a besoin.

La modestie, la vraie modestie sentie et raisonnée est une qualité indispensable; sans elle l'orgueil et la fierté, même sans insolence, même cachés et contenus, même quand on croirait les avoir dissimulés, n'échapperont point à l'œil perspicace de celui qu'ils humilient. Lorsque de deux personnes l'une se croit supérieure à l'autre, d'une très grande supériorité, la plus petite manifestation de ce sentiment ne saurait échapper à l'autre.

On dira peut-être que le coupable n'a pas le droit d'exiger que l'honnête homme traite avec lui sur un pied d'égalité, assurément, mais il ne s'agit ici ni de loi, ni de droit, la question est toute morale et affective.

Comme il s'agit d'influer intérieurement, de pénétrer une âme qui, parfois est un abîme, d'émouvoir un cœur, que peut-être la sévérité officielle et le rigorisme du monde ont contribué à endurcir, ce n'est pas en établissant des démarcations, qu'on pourra arriver jusqu'à lui; mais, bien au contraire, en s'étudiant à le faire disparaître. Ce n'est point un seigneur ou un roi descendant de son trône, c'est un homme qui a compassion et qui sans effort *vient*, ou plutôt se *trouve* auprès d'un autre *homme* qui souffre. Le précepte de César Pratési suppose que le visiteur croit en Dieu et à sa Providence.

Et celui qui n'y croit point?

Pour l'athée, l'incrédule, le matérialiste, s'il est charitable, il a peut-être encore plus de motifs d'être modeste et compatissant.

Le détenu n'est pas en prison par sa faute; mais, par suite de mauvaise fortune et d'un organisme défectueux; le visiteur, lui, ne jouit pas de la liberté parce qu'il est vertueux, mais seulement parce qu'il a eu de la chance. Il a hérité d'un organisme sain et d'une fortune ou des moyens de l'acquérir et il se trouve être riche et honnête comme l'autre s'est trouvé pauvre et criminel. Le mal que l'un a fait, le bien que l'autre a pratiqué, ont poussé comme deux plantes différentes parce qu'elles ont procédé de semences différentes.

Pour celui qui pense ainsi, il n'y a plus de coupables, mais seulement des malheureux, et s'il a quelque peu de sensibilité, — et on doit en avoir quand on visite les prisonniers, — quelle puissante raison d'en avoir compassion et de ne pas les mépriser !

Après la compassion et la modestie sentie et raisonnée, la persévérance est la qualité indispensable du visiteur.

La volonté, qui est un si grand ressort de la vie humaine est encore bien plus nécessaire chez le visiteur.

Que celui qui n'a pas une volonté ferme et persévérante cherche un autre moyen plus facile de faire le bien que de consoler les prisonniers et de contribuer à leur amendement.

Dans cette entreprise il y a des échecs fréquents, des triomphes difficiles, d'amères désillusions, des leçons sévères, et, si la vanité pouvait se guérir, elle serait bonne pour la guérir. Il est à désirer qu'elle l'éloigne tout au moins, parce que les vaniteux s'y smploieront sans résultat et s'en retireront en faisant du mal.

Celui, qui faute de persévérance se retire de cette œuvre pieuse, la discrédite sans le vouloir ni même le savoir.

On n'avoue pas la fuite d'ordinaire et il est difficile de justifier une retraite sans nuire à ceux qui combattent.

L'œuvre en souffre plus ou moins dans l'*Idée* générale et elle ne gagne rien dans celle du prisonnier que ne peut plus visiter avec fruit, celui qui l'abandonne par lassitude.

Cœur, modestie, persévérance, voilà suivant nous les qualités absolument essentielles pour visiter avec fruit le détenu.

Point n'est besoin de dons extraordinaires, ni de qualités brillantes ; il pourra même arriver et il arrivera souvent qu'un homme vulgaire, en apparence, fera plus de bien qu'un autre plus intelligent et plus instruit ; le cœur et le caractère ont plus d'influence sur le détenu que la raison supérieure et les vastes connaissances ; des habitudes intellectuelles très élevées peuvent même être un obstacle pour se faire entendre de personnes accoutumées à raisonner peu et mal. C'est encore une autre raison d'être modeste, une autre épreuve à laquelle est soumis le visiteur qui est, ou se croit savant que de voir que les catégories sociales et intellectuelles ne cadrent pas toujours avec les relations qui devraient s'établir entre visiteurs.

Dans ce cas, il leur faut s'efforcer de combattre la propension que nous avons tous à considérer une supériorité comme une raison d'en conquérir une autre, et il doivent bien se persuader qu'une supériorité en quelque chose ou en beaucoup de choses, n'est ni tout ni pour toutes choses.

Il est à supposer et à désirer que les présidents de patronages ne se laissent pas éblouir par des qualités brillantes ni par des positions élevées. Qu'ils distribuent le travail le plus difficile à l'ouvrier *qui est* et non qui *paraît* le plus apte ; et que la hiérarchie charitable s'écarte, si c'est nécesde la hiérarchie sociale et intellectuelle.

CHAPITRE II

Qu'est-ce que le délit?

Moralement considéré et tel que le visiteur doit le considérer, le délit est, en dernière analyse, une faiblesse et un acte d'égoïsme dans lequel le délinquant fait abstraction du mal d'autrui ou le veut pour en tirer profit ou plaisir, par suite d'un calcul erroné ou exact, ou bien enfin sous l'impulsion d'appétits désordonnés.

L'égoïsme est la base sur laquelle la convoitise prépare ses rapines, la calomnie ses faussetés, la luxure ses attentats, et la cruauté et la vengeance leurs horreurs. Les inclinations, les circonstances, les moyens personnels ou sociaux dont dispose l'égoïste en font un véritable fripon légal, un vaurien en dehors des lois qu'il transgresse suivant la situation dans laquelle il se rencontre et suivant que ses instincts, ses facultés, le poussent ou le retiennent dans un sens ou dans l'autre.

L'égoïste attaque la propriété, l'honneur ou la

vie ; il emploie la ruse ou la violence suivant qu'il est timide ou téméraire, il varie les espèces, mais il reste toujours dans le genre, et, c'est aux degrés de son égoïsme qu'on peut mesurer ceux de ses fautes.

Le manque de sensibilité, qui accompagne toujours l'égoïsme, se gradue dans les mêmes proportions que lui, et avec lui, rend dur et cruel.

Le délit est donc égoïsme et dureté.

On dira peut-être que des personnes qui ne sont ni égoïstes, ni cruelles, commettent, aveuglées par la passion, des délits graves ; mais, au moment où elles les commettent, elles ont été cruelles et égoïstes ; et la mauvaise disposition de leur esprit, pour n'être que passagère, n'en renferme pas moins, tant qu'elle dure, les éléments généraux du délit.

Il y a des gens qui s'étonnent de l'égoïsme du détenu ; nous nous étonnons, au contraire, qu'il ne soit pas plus considérable.

Tout le monde sait que les malades sont égoïstes et on ne le leur reproche point. Ils souffrent ! et cette seule considération désarme toutes les sévérités.

Le délinquant a le double égoïsme du malheureux et du coupable, et de plus la propension à s'occuper beaucoup de lui-même, de lui qui se voit abandonné de tout le monde. Ce dernier élément peut perdre beaucoup de sa force, et même disparaître, sous l'empire de la charité.

Celui qui vient à nous, avec sa pitié, nous attire vers lui ; il nous sort de nous-même, car il n'y a pas de consolation sans une union plus ou moins intime du consolateur et du consolé.

Chez le détenu qui inspire compassion, l'aigreur produite par l'indifférence est adoucie, et son *moi* désordonné et absorbant est moins endurci sous l'influence du sentiment de l'abnégation.

Maintenant que nous savons qu'en dernière analyse, délit est synonyme d'égoïsme, nous n'en avons encore qu'une connaissance partielle et insuffisante ; parce que, dans la réalité des faits, le délit est loin d'être simple et se compose d'éléments divers, qui, suivant leur nature et les différentes manières de se combiner, lui donnent plus de gravité et de persistance.

L'apathie avec des intervalles d'activité désordonnée que le fainéant emploie contre la vie, l'honneur ou la propriété d'autrui, l'excitation aigrie, produite par des aspirations, qu'on ne peut satisfaire par des moyens honnêtes ; les hésitations d'un esprit inquiet, qui, au lieu de se tracer un plan de vie raisonnable, se laisse ballotter dans des directions différentes, souvent même contraires, au gré du hasard ou de l'impulsion du moment, l'idée fixe d'un certain but sans se préoccuper des voies et moyens ; les concupiscences qui réclament pour les sens des jouissances qu'elles recherchent ou obtiennent sans songer à l'honneur ou à la justice; l'instinct ou la passion qui rompt tous les freins; les accès de fureur ou le froid calcul de la cruauté; la confusion d'un esprit déséquilibré qui substitue l'erreur à la vérité, l'appétit à la conscience et à toute prévision raisonnée de l'avenir; l'idée absorbante d'une jouissance présente; l'ignorance, l'oubli ou le mépris de ce qu'ordonne le devoir au nom de la morale, de la justice et de la religion; quelques-uns de ces éléments ou un grand nombre d'entre eux forment le triste composé qui s'appelle le *délit*.

Celui qui doit le combattre doit l'analyser; mais, pour celui qui fait l'analyse, *analyser* ce n'est point *simplifier*, mais bien, au contraire, pénétrer dans le labyrinthe de la conscience humaine égarée, de la raison insuffisante, dominée par l'appétit ou par un complice et voir la ramification des impulsions et la complication de ses conséquences. Les identités que la loi suppose, que la discipline prescrit symétriquement sont illusoires le plus souvent et le visiteur s'efforcera de partir de cette réalité que le délit, comme toute action humaine est complexe, et que, pour le combattre, il faut bien le connaître afin d'approprier, autant que possible, les moyens de correction aux causes de la faute.

Le désir d'un bien personnel, qui sans modération et sans frein, constitue l'égoïsme coupable est différent en degrés et en persistance. Dans certaines classes de délit il peut s'appeler : passager, et disparaît avec la circonstance exceptionnelle qui l'a fait naître ; et une fois celle-ci passée, peut être compatible avec l'abnégation.

Combien n'y a-t-il pas de cas de gens pervers pour ceux qu'ils haïssent ; et bons à l'excès pour ceux qu'ils aiment ?

Combien de gens condamnés pour attaques contre les personnes, qui exposent leur vie pour sauver celle d'un autre ou pour défendre la patrie ?

Cela prouve que bien que prépondérant, l'égoïsme s'empare rarement de l'homme *tout entier* à l'état permanent et définitif.

Ne jamais penser à soi-même ou y penser sans cesse, c'est-à-dire la sainteté ou la méchanceté au dernier degré, sont extrêmement rares. Au milieu se trouve la généralité des hommes qui ne font pas absolument abstraction des autres ni d'eux-mêmes et la grande variété d'égoïstes hypocrites que l'opinion respecte et parfois même applaudit ; égoïstes légaux qui vivent en liberté et égoïstes illégaux qu'on met en prison.

Comment contiendra-t-on leur égoïsme dans ses débordements ?

Voilà le problème.

CHAPITRE III

Qu'est-ce que le délinquant?

Pour la force publique, le délinquant est un homme qu'elle poursuit pour l'arrêter.

Pour le juge, c'est un homme qui a enfreint tel ou tel article de loi et à qui il faut appliquer tel ou tel autre article.

Pour l'employé de la prison, c'est un homme qui y restera des mois ou des années ; qui, suivant que la prison est plus ou moins bien organisée, y travaillera, s'y corrigera, ou bien se contentera simplement de n'y pas occasionner de trouble et ne cherchera pas à s'évader.

Le directeur de prison, l'employé qui comprend et sait remplir sa mission élevée, veulent et ont besoin de tout autre chose.

Par l'inspection du dossier, ils recherchent les antécédents du détenu avant le délit qu'il a commis; le genre de délit et les circonstances qui l'ont accompagné; ils verront si c'est la première faute commise et tiendront note de sa conduite en prison ou dans les prisons antérieures.

Ils sauront encore que, puisque le délit est égoïsme, insensibilité et faiblesse, ce délinquant est égoïste, peu sensible et moralement un faible.

Avec ces données, le visiteur aura-t-il encore des doutes ou bien une certitude, dans un sens ou dans l'autre, pouvant influer sur la manière d'agir et les résultats à obtenir?

L'homme est-il un être raisonnable, capable de s'abstenir d'un acte réprouvé ou d'accomplir une bonne action à son gré; ou bien est-il l'esclave de son organisme et fait-il le mal sans responsabilité et le bien sans mérite?

On comprend que, suivant les réponses que l'on fera à ces questions, on se fera une idée bien différente de l'*homme* et, *si on est logique*, en essayant de le consoler et de le corriger, on agira d'une manière bien différente.

Nous disons l'*homme*, car bien qu'il y ait des savants, et des plus autorisés, qui font abstraction de ce qu'est l'homme pour ne s'occuper que du criminel, ce n'est ni scientifique ni sérieux. Il serait intéressant de voir comment eux, qui aiment tant à comparer les criminels aux malades, enseigneraient la pathologie sans connaître la physiologie ni l'anatomie; comment ils détermineraient les dérangements d'un organe, en ignorant son fonctionnement normal, et comment ils pourraient définir la maladie sans savoir ce que c'est que la santé.

L'idée qu'on se fera du délinquant doit correspondre à celle qu'on aura de l'homme, qu'on le dise ou non — qu'on y voit clair ou non. Les sujets ne se coupent pas à l'endroit où celui qui les traite le désire ; il faut les prendre tels qu'ils sont et celui qui, sans raison ni logique, les mutile pour esquiver la difficulté, tombe dans l'erreur.

Pour des causes que nous ne voulons pas rechercher ici, il y a dans les prisons des malades d'hôpital, ou de maisons d'aliénés, qui ont des facultés intellectuelles défectueuses ou perturbées, qui souffrent d'accès, d'attaques ou d'abattements de quelque grave maladie ; mais, à part ces cas, qu'il faut désirer et supposer voir devenir de plus en plus rares, la *plus grande partie* des délinquants est composée d'hommes qui ont plus de ressemblance avec ceux qui n'ont jamais failli légalement que de différence ; sans quoi ce serait peine perdue de chercher à les consoler ou à les corriger. Pour rectifier leurs erreurs, nous partons de *notre raison*, en la considérant comme identique à la leur, sinon en quantité du moins en qualité. Comment, sans cela, pourrions-nous les comprendre et comment, eux, pourraient-ils nous comprendre ?

Le grand mathématicien et celui qui ne sait que

l'arithmétique élémentaire diffèrent dans l'étendue de leurs connaissances, mais ils sont d'accord que deux et deux font quatre, qu'une quantité dont on retranche une partie diminue, que si on lui ajoute elle augmente, etc., etc. Celui qui veut donner à un prisonnier soit une instruction primaire, soit des notions de quelque service ou d'un art quelconque, suit les mêmes procédés qu'avec un homme vertueux; et l'élève apprendra mieux, ou plus mal, suivant qu'il aura plus ou moins d'aptitude, plus ou moins de volonté, et non parce qu'il sera plus ou moins honnête.

Dans la sphère intellectuelle, il n'y a point de différence entre celui que la loi condamne et celui qui n'a point enfreint les prescriptions de la loi; un savant peut être méchant, un ignorant peut être bon. Dans la sphère morale et affective, des différences apparaissent, mais l'analyse retrouve les ressemblances.

En faisant abstraction, comme nous l'avons dit, des cas pathologiques, de quelques monstres qu'on ne considère pas comme des malades, bien que probablement ils le soient, et qui, l'étant ou ne l'étant pas, sont des exceptions, la *règle* c'est que le délinquant qui enfreint la loi morale ne l'ignore pas; que, bien qu'il fasse le mal, il comprend le bien; et, quoiqu'il profane bien des choses saintes, il y en a d'autres qu'il respecte. Dans cette masse, considérée comme homogène par un grand nombre de personnes, et dans laquelle tout est anormal, il y a beaucoup de naturel, d'humain, parfois de sublime; oui, de sublime, quelque extraordinaire que cette affirmation puisse paraître à ceux qui sont plus disposés à rire qu'à observer. Il est rare que les sentiments de famille fassent complètement défaut et parfois la tendresse pour des parents, des enfants, pour des frères, pour une épouse est grande. L'amour de la patrie et de l'humanité se révèle dans certaines occasions au péril même de la vie. Les journaux font connaître les crimes que commettent les détenus en prison, mais non leurs bonnes actions si difficiles et si méritoires. Celui qui les chercherait pour les publier rendrait un grand service. Si quelqu'un, avec les moyens qui nous manquent dans le coin où nous vivons, entreprenait cette bonne œuvre, il pourrait commencer par le récit du fait que nous venons d'apprendre d'un prisonnier italien qui s'est suicidé afin que sa femme pût se remarier avec un homme qui nourrirait les enfants, plongés dans la plus grande misère. Nous aimons à croire que, faisant la distinction du sacrifice et du suicide, on ne nous accusera point de faire l'éloge d'une action digne de blâme.

Il est évident que celui qui enfreint les lois n'est pas identique à celui qui, *dans les mêmes circonstances*, les respecte; mais il n'est pas, non plus, absolument dissemblable; peut-être n'y a-t-il entre eux deux qu'une bien petite différence, qui a suffi pour faire pencher la balance du côté du mal. Nous avons souligné *dans les mêmes circonstances*, parce que quelquefois ce ne sont les mêmes qu'en apparence; tandis qu'en réalité il y a eu des facilités ou des difficultés pour le bien qu'on n'apprécie point, qu'il est même difficile ou impossible d'apprécier. En supposant même que les différences soient grandes, il reste ordinairement assez de ressemblances entre l'homme coupable et l'homme honnête pour qu'il existe entre eux une sorte de zone morale et affective commune, dans laquelle ils peuvent s'entendre et influer l'un sur l'autre.

On comprend que l'objet de ce manuel n'est pas de discuter des théories; mais quand on les rencontre comme obstacle, on est bien obligé de protester contre elles. Une école qui n'est pas sans mérite, mais qui a de bien grandes audaces, considère le délit comme un produit nécessaire de l'organisme du délinquant.

Sur ces affirmations, bien des gens croient ou sont disposés à croire que le délinquant est un être facile à connaître et impossible à corriger, qui a hérité du crime aussi inévitablement que d'une maladie à laquelle il n'a point contribué par ses excès.

Avec les doctrines des maîtres, avec les exagérations des disciples, celles plus grandes encore de ceux qui les adoptent et forment l'opinion ou décident de ces choses dont ils n'ont point même une idée, il peut se former un courant peu favorable au prisonnier, bien peu capable de lui faire trouver dans la société l'appui dont il a besoin pour ne pas vivre en lutte constante avec elle.

On emploie quelquefois une arme assurément plus commode que noble contre ceux qui soutiennent que l'homme délinquant ne perd pas généralement les qualités essentielles de l'homme; cette arme consiste à nous qualifier de *visionnaire*, qualification qui, en apparence, offense peu, mais discrédite beaucoup et n'oblige à aucune preuve.

En vérité, s'il est possible de se perdre dans les nuages, il est possible aussi de se perdre dans les souterrains et les égouts et de délaisser la surface terrestre. Il est préférable de se perdre en haut qu'en bas; mais nous essaierons de rester à terre et de ne pas admettre comme prouvées des affirmations téméraires, de ne pas considérer comme trouvé ce qu'il convient de chercher, et de ne pas croire qu'on parvient à la vérité en changeant de système.

Tant qu'on ne nous aura pas prouvé autre chose (car on ne nous a encore rien prouvé) nous continuerons à croire que le délinquant, sauf des exceptions pathologiques probablement rares, est un homme qui possède les qualités essentielles de l'humanité.

Est-il moralement libre ? Peut-il choisir entre le vice et la vertu ?

L'humanité sent qu'il le peut, une École dit ou plutôt répète (car il y a des siècles qu'on le dit et le répète) qu'il ne le peut pas.

Depuis qu'il y a eu des penseurs, il y a eu des fatalistes semblables dans le fond ; la forme variant avec le temps.

La forme de nos jours fait un grand étalage de science et d'art, elle pèse, elle mesure, elle analyse ; demandant à la balance, au scapel et au microscope probablement plus qu'ils ne peuvent lui donner et plus qu'ils ne lui ont donné jusqu'à présent.

Il semble qu'avec un costume nouveau, le fatalisme moderne se croit nouveau, possède la vigueur de la jeunesse et même des contentements enfantins.

La prétendue nouvelle qu'il apporte est fort vieille.

On comprend que par pure convention ou pour les exigences du système on la donne comme *vraie* ; mais, ce qu'on ne comprend pas, c'est la satisfaction, ce sont ces airs de *rédempteur* en révélant une vérité aussi désolante.

Peut-il y avoir un plus grand malheur que de naître, vivre et mourir sous l'empire d'une fatalité organique ; et, d'être exécrable et exécré, parce que dans la masse cérébrale il y avait un peu trop de phosphore ou dans le sang trop peu de fer ? Quand bien même ce serait la vérité, est-ce bien le cas de la proclamer d'un air aussi triomphant ?

C'est comme si on disait à un malade : Vous êtes atteint d'un cancer, d'une maladie douloureuse et incurable, je l'ai découverte et il ne saurait y avoir aucun doute ; soyez content. En dépit des affirmations des fatalistes, l'humanité continuera à croire au libre arbitre et pourra dire comme Gestoudis Avellaneda :

Nunca si fuere error la verdad vea ! (si c'est une erreur, que je ne voie jamais la vérité.)

Quelque hautain, altier et dédaigneux que soit le dogmatisme du microscope, du scalpel et de la balance, il lui faudra bien comme tous les autres, rendre ses comptes à la raison. Quand le temps voulu, pour que l'aveuglement de l'esprit se dissipe, sera écoulé, l'erreur se dissipera, la vérité brillera de tout son éclat et le doute continuera de projeter son ombre éternelle sur les problèmes éternellement insolubles.

Mais, pour les hommes d'action, les jugements qui restent suspendus affaiblissent parfois les énergies, et il serait déplorable qu'une simple théorie fit s'abstenir de la pratique de la charité le visiteur du prisonnier qui verrait ou inclinerait à voir dans le délinquant un être complètement anormal, monstrueux, héritier ou *engendreur* de criminels.

Bien que le succès éblouisse et qu'elle se vante de ses succès, il est peut-être bon de faire remarquer à l'Ecole fataliste, que quoiqu'elle fasse du bourreau un collaborateur efficace pour la perfection, la peine de mort a disparu de certains codes, que dans d'autres pays, les cas où on la prononce se limitent de plus en plus chaque jour ; et, que, même prononcée, on ne l'applique plus que par exception.

La conscience publique y répugne, et sans être prophète, on peut déjà prévoir le jour où elle disparaîtra complètement.

Il est bon aussi de faire remarquer que, malgré les théories du fatalisme organique et le dédain, certainement fort peu scientifique, qu'il a pour l'Ecole *correctionnaliste*, *Punir* est devenu synonyme de *corriger*, dans l'esprit de ceux qui font les lois comme dans celui de ceux qui les appliquent. Non seulement la *libération conditionnelle* est une espérance d'amendement confirmée déjà par les faits, mais on ajourne même l'exécution des peines, dans l'espoir que sous la simple menace de cette exécution le coupable se corrigera.

Parfois même, on ne prononce aucune peine, on ne traduit même pas en justice et on se borne à confier le délinquant à une autorité tutélaire qui veillera à ce qu'il ne transgresse plus la loi, et on y parvient le plus souvent, à ce que l'on dit.

L'ajournement de la peine ou la dispense d'un

jugement évitent la prison à un certain nombre de gens, mais il en reste encore des milliers et des milliers, qui pour de légers délits subissent la corruption et l'infamie de la prison.

A leur sortie, ils éprouvent la difficulté ou l'impossibilité de vivre honnêtement, qui les pousse à la récidive. Voilà la pépinière d'où sort, le plus souvent, par une espèce de *fatalité sociale*, le délinquant qu'on présente comme une preuve de *fatalité organique*.

Les grands sacrifices pécuniaires qu'on fait pour corriger les détenus, les lois qui abrègent conditionnellement la peine, qui la suspendent et vont jusqu'à éviter de la prononcer, les facilités plus grandes pour la réhabilitation, l'augmentation progressive des Sociétés de patronage qui visitent les détenus et les secourent quand ils recouvrent la liberté; tout cet ensemble de lois, d'idées, de sentiments et d'action, n'est-il pas magnifique? N'est-il pas consolant? N'est-ce pas la plus vive protestation contre des théories inhumaines et désespérantes? N'est-ce point la preuve que le monde a l'espoir de triompher de tous les fatalismes par la justice et la charité?

Que ce soit donc l'espoir du visiteur prisonnier et bien mal venu serait celui qui, au nom de la science, chercherait à refroidir sa foi.

CHAPITRE IV

Du langage à tenir au prisonnier

La charité qui pousse à visiter le prisonnier inspirera les paroles qu'il convient de lui adresser pour agir sur ses sentiments.

Mais, si l'on prétend impressionner sa raison et le convaincre, il faudra le plus souvent n'agir qu'après mûre réflexion et ne pas se contenter du premier mouvement.

En matière de sentiments, ceux qu'on ne ressent point soi-même *sont de trop*; mais au moins ils ne sont pas nuisibles ; le prisonnier, comme tout autre homme, en prend tout ce que peut supporter sa capacité affective, le surplus est pour lui comme si cela n'existait pas, sans détruire néanmoins l'influence de toute la partie de sentiments qu'il a partagée.

En matière de raisonnement il n'en va pas de même. Tout raisonnement qui n'est pas compris, non seulement est perdu, mais encore devient peut-être nuisible. Compris à demi, un raisonnement est vite remplacé par une erreur qui se dissimule sous des apparences de vérité.

Les personnes habituées à vivre dans un milieu honnête et cultivé pourront fort bien ne pas s'y prendre comme il convient pour persuader un prisonnier grossier ou qui a le sens moral perverti. Dans ce cas le langage doit être simple (jamais grossier), facile, très facile et autant que possible, sinon tout à fait au niveau, du moins très peu au-dessus de celui qu'on cherche à convaincre.

Si dans des discussions sur des sujets difficiles il importe de se mettre d'accord au préalable sur la valeur et le sens de certains mots, il est encore plus nécessaire de s'assurer de la portée et de la signification que certains mots peuvent avoir pour l'homme grossier et égaré, que nous cherchons à convaincre.

Dans ce cas il pourra devenir nécessaire de commencer par expliquer certains termes, beaucoup même, comme un pionnier qui est obligé de faire lui-même le chemin qu'il veut parcourir.

Il ne faut passer d'un argument à un autre qu'après s'être bien assuré que le premier a été bien compris; sans cela il se formera une sorte de chaos intellectuel d'où ne sortira ni le visité ni le visiteur. L'emploi des comparaisons peut avoir du bon, pourvu qu'elles soient simples, roulant sur des objets bien connus du prisonnier, et qu'elles n'absorbent pas le raisonnement lui-même.

La puissance de la répétition que le père Gratry estimait très grande sur tous les hommes en général, est bien plus grande encore, on pourrait même dire qu'elle est indispensable quand il s'agit des délinquants, non pas parce qu'ils sont les délinquants ; mais parce qu'ils sont des hommes généralement peu éclairés.

On peut remarquer que ces pauvres gens, dans leurs conversations se répètent sans cesse, et reviennent nombre de fois sur le même sujet; preuve certaine du besoin qu'ils éprouvent qu'on leur répète bien des fois ce qu'on veut leur faire comprendre. Souvent s'ils ne comprennent pas ce n'est point parce qu'on ne s'est pas bien expliqué, mais seulement parce qu'on ne s'est pas assez répété.

Le mot juste peut souvent n'être pas compris, parce que le sens moral fait défaut au prisonnier ou qu'il est si obtus ou si dépravé que certains mots n'ont pour lui aucune signification et ne lui représentent aucune réalité,

Il ne s'agit plus alors de style, il faut le faire renaître, en quelque sorte, à la vie morale; car pour celui qui se trouve ainsi comme aveuglé et assourdi par le mal, il n'y a pas de langage qui puisse lui faire comprendre le bien.

CHAPITRE V

Sincérité et Prudence

Le visiteur du prisonnier est un homme de cœur et de charité.

Sans que personne le lui enseigne, il sait comment il doit se présenter au prisonnier pour l'impressionner favorablement et même lui inspirer confiance.

Il n'est conduit là par aucun calcul mesquin, il n'y vient que pour faire le bien, il est sincère, il faut qu'il le soit, sous peine de rencontrer d'insurmontables obstacles.

Il est très difficile de tromper le prisonnier, non seulement parce qu'il est soupçonneux et méfiant, mais encore à cause de la triste oisiveté de son intelligence et de son cœur. Dans la monotonie de sa vie, le visiteur est une occupation et une nouveauté qui l'impressionne beaucoup. Il se remémore, on pourrait dire qu'il *rumine* tout ce qu'il a vu et entendu pendant la visite, c'est une sorte d'analyse de désœuvré qui va souvent très loin. Quand même on ferait abstraction de ce fait, la sincérité est, par elle-même, sympathique, expansive, communicative et elle introduit dans l'atmosphère morale quelque chose qui la rend plus respirable et plus vivificatrice.

Le prisonnier, d'ordinaire, veut plus ou moins tromper ; mais il trouve fort mauvais qu'on prétende le tromper ; il ne s'indignera peut-être pas d'être trompé par ses compagnons, mais s'irritera si ce *monsieur* à qui il a peut-être si souvent menti ne lui dit pas la vérité. La loi du talion ne répugne que peu ou point à sa conscience ou à sa nature, mais il se croit un droit indiscutable à la sincérité du visiteur et, si on y réfléchit bien, il l'a en réalité.

L'homme charitable ne vient pas à la prison pour rappeler ses fautes au pécheur, mais pour lui donner l'exemple de la vertu, et de même qu'il ne lui viendrait pas à l'idée de voler un voleur, de même il ne songera point à mentir au menteur.

Affecter des croyances, des sentiments, des idées qu'on n'a pas, dans la pensée qu'il convient au prisonnier de les avoir, outre que cela révolte la franchise honnête, est un calcul qui généralement, très généralement, est faux. Il est plus facile d'être un bon comédien au théâtre qu'à la prison. Celui qui ne croit, ne sent pas ce qu'il croit bon que le prisonnier croie, sente ou pense, doit se renfermer dans une réserve prudente s'il ne veut pas passer pour un mauvais plaisant. On ne verra pas, on ne comprendra pas son but qui est bon, on ne verra que le moyen qui, lui, est mauvais.

En outre, un malheureux défiant n'est que trop porté à généraliser les faits; s'il s'aperçoit que le visiteur l'a trompé une fois, il en conclura certainement qu'il n'est jamais sincère. La sincérité qui est chose essentielle n'exclut point la prudence. Point de simulation, ni de naïveté; ne *rien* dire qu'on ne ressente, ne pas dire *tout* ce qu'on sent, tout ce qu'on pense ou soupçonne, et ne pas, *à priori*, prendre pour faux tout ce que dit le prisonnier, pas plus qu'il ne faut le croire sans preuves. La confiance ou le blâme si délicats dans le monde le sont encore bien plus dans la prison.

Prendre bonne note de ce que dit le prisonnier, le laisser parler en toute liberté, sans le contredire, sans l'interrompre. Il est probable qu'il parlera beaucoup, et, si comme le dit le vieux proverbe : *Qui parle beaucoup ment beaucoup*, on peut dire également : qui parle beaucoup se trahit beaucoup.

Comme le prisonnier est peu habitué à ce qu'on l'écoute avec intérêt et que le visiteur l'écoute, c'est une raison de plus pour qu'il soit parleur.

Il dira peut-être ce qu'il pense et ressent ou tout le contraire; il dira des vérités ou des mensonges; mais, comme nous le disions plus haut, il est plus facile d'être bon comédien au théâtre qu'en prison et il est peu probable que le prisonnier y parvienne.

Le prisonnier taciturne près de celui qui l'écoute avec bienveillance est rare, et on peut le considérer comme un pervers exceptionnel, ou comme un malade prédisposé à la folie et au suicide. La prudence toute cordiale du visiteur n'excitera point contre elle les susceptibilités du prisonnier car, si on suspend son jugement, si on doute, si on écoute plus qu'on ne parle, du moins on compatit et on arrive à consoler. Tout ce que raconte le détenu peut être faux ou bien le paraître ; mais il y a une chose certaine, c'est son malheur, et comme la compassion qu'il inspire est spontanée, visible, inconditionnelle, le sentiment couvre la défiance. Ces méfiances, bien qu'elles soient soupçonnées par le détenu, loin de discréditer le visiteur, peuvent contribuer à son prestige. S'il est trop crédule il excitera la propension à mentir de celui qui l'a déjà; si on le croit trop naïf, on le méprisera, ce qu'il faut éviter à tout prix. Il ne faut pas se dissimuler la grande difficulté qu'il y aura à se tenir à une égale distance de ces deux extrêmes : *ne rien croire ou tout croire*, et, de peur d'être trompé, refuser de croire la vérité. S'il faut choisir, qu'on penche plutôt du côté de la bienveillance que du côté de la réserve; il vaut mieux que le prisonnier rie de nous avoir trompés que de souffrir de se voir soupçonné lorsqu'il est sincère.

Quand le cœur du malheureux s'ouvre, ce doit être pour la consolation et non pour le soupçon.

On dira peut-être que ces délicatesses de sentiments sont oiseuses quand il s'agit de détenus? Oui, peut-être pour quelques-uns; mais pas pour tous.

CHAPITRE VI

Influence des idées et des croyances

Lorsque les moyens de communication des hommes entre eux étaient très imparfaits, les théories avaient une sphère d'action fort limitée. Les idées se défendaient et se combattaient entre quelques-uns, les écoles avaient des maîtres et des disciples; mais les systèmes n'avaient point de partisans.

Aujourd'hui, les idées, comme les personnes, voyagent avec une rapidité presque vertigineuse, les opinions se formant et les décisions se prenant sur des choses peu ou pas du tout comprises; il y a des partisans et des adversaires des systèmes, c'est-à-dire des gens qui ne les ont pas étudiés, qui n'en ont qu'une idée fort vague et qui néanmoins les attaquent ou les défendent avec une ardeur qui parfois est en raison directe de leur ignorance. La question du libre arbitre et de la fatalité, comme toutes les autres, est sortie des disputes d'écoles, et très souvent on la trouve exposée dans les journaux, dans les cafés, dans les chambres législatives, de sorte que parmi les visiteurs du prisonnier il pourra peut-être s'en trouver quelques-uns qui seront fatalistes en morale et incrédules en religion.

Le visiteur, quelle que soit sa croyance, quoi qu'il puisse penser, ne doit pas présenter au prisonnier comme acquises les solutions qu'il a quant à lui adoptées, et dans le sens où il les considère comme définitives.

Les divergences d'opinion dans d'aussi graves matières sont des obstacles, de gros obstacles qu'il faut franchir, mais qu'on ne saurait tourner. Il peut se trouver que le visiteur et le prisonnier soient tous deux fatalistes ou bien que le visiteur le soit tandis que le prisonnier ne l'est pas. Nous devons faire observer que le cas du prisonnier fataliste nous semble exceptionnel.

Nous ignorons ce que pensent les prisonniers des autres pays, mais en Espagne nous n'en avons connu aucun ni entendu parler sérieusement d'aucun qui soit persuadé que sans libre choix de sa part, sans sa faute personnelle il eût été nécessairement conduit à faire le mal qu'il a fait. Quand cependant visiteur et prisonnier auront ces idées, que les fatalistes ne se fassent à cet égard aucune illusion, la résignation, la consolation et l'amendement deviendront plus difficiles. S'il n'existe point de faute, la peine est un fait de force, et ce qu'on peut espérer de mieux, c'est que l'opprimé la comprenne comme une mesure d'ordre public. Il a fatalement transgressé la loi et fatalement aussi on le frappe ; parce que la société ne saurait rester bien ordonnée, progresser et se perfectionner si on ne fait pas respecter la vie et les biens de ceux qui la composent.

La loi qui protège la société est aussi protectrice de celui qui souffre à cause d'elle ; la justice le préserve de la vengeance et du courroux implacable de l'offensé et lui substitue le calme du juge impartial. La vengeance privée était cruelle et elle a transmis à la justice légale une partie de sa cruauté et même de son nom puisqu'on l'a appelée, et qu'on la nomme encore, chez certains peuples arriérés, la *vindicte publique*.

Le malheur de celui qui a été organisé pour le mal est grand ; mais il l'était davantage dans d'autres temps où l'on n'avait pas pour lui la considération d'humanité et de charité qu'on a de nos jours. S'il n'est point responsable de sa faute, la société ne l'est pas davantage, elle se défend simplement contre les attaques du criminel ; tous deux obéissent à des lois fatales et nul n'a le droit de récriminer.

Nous ne savons jusqu'à quel point ces raisonnements ou d'autres semblables pourront calmer l'esprit du prisonnier, mais il nous semble que tous les raisonnements qu'on lui fera seront moins efficaces que cette réflexion qu'il ferait lui-même : *J'ai mérité le châtiment qu'on m'a infligé.*

Ce qui rend difficile la résignation rend difficile également la consolation, parce qu'on ne peut faire pénétrer dans l'esprit agité par la douleur, ces influences bienfaisantes qui font trêve à la peine et la rendent moins amère. Pour consoler, il faut calmer, et la difficulté de recevoir la consolation n'est pas seulement déplorable pour le prisonnier mais aussi pour le visiteur à raison de l'influence qu'elle lui enlève, et cela d'autant plus que se sentir consolé c'est l'avantage que le prisonnier sent et reconnaît tout d'abord. Lui ne désire pas la visite de son protecteur pour en être corrigé, mais pour être consolé et en recevoir un soulagement prompt et immédiat à ses peines. Le soulagement prompt et immédiat sera bien plus facilement donné par celui qui amènera le prisonnier à une résignation sentie, que par celui qui la discutera par des arguments semblables à ceux que doit se faire un chien attaché à une chaîne solide, qui commence par aboyer, à faire des efforts pour la rompre et qui, convaincu de l'inutilité de ses efforts, se couche et se tait.

La théorie du fatalisme criminel présente encore d'autres obstacles; si le criminel a été criminel nécessairement, il le redeviendra à nouveau nécessairement. Son cerveau, ses entrailles, tout son corps, la composition de son sang, tout son organisme l'y pousse, et cette sorte de *sécrétion morbide* qui s'appelle le *délit* se reproduira aussitôt que les circonstances rendront possible sa reproduction. La foi dans la toute-puissance de la volonté fortifie la volonté ; l'idée que la volonté est esclave l'affaiblit.

Quelle différence dans la lutte contre la tentation entre celui qui dit : *je veux être honnête et je le serai*, et celui qui pense qu'il ne lui suffit pas de vouloir ou qu'il n'est pas libre de vouloir ! Combien le criminel, qui, au point de vue moral, est un être faible, ne s'affaiblira-t-il pas encore s'il est convaincu que les causes qui ont fatalement produit sa première chute se reproduiront d'autres fois tout aussi fatalement. Aussi, s'il revient avec cette idée au combat de la vie, n'y est-il pas presque vaincu d'avance ? Peut-il ne pas *vouloir* le bien ou peut-il ne le pas *pouvoir* ? Tous les siècles passés se sont posé le problème et nul ne l'a résolu définitivement, de manière à ce qu'il ne soit plus présenté sous une forme ou sous une autre.

Mais, quelle que soit l'opinion à cet égard, les résultats pratiques qu'en retirera le délinquant, qu'il pense qu'il aurait pu ne pas commettre le premier délit et qu'il pourra ne pas en commettre un second, ou qu'il pense que fatalement il a commis une faute et fatalement en commettra d'autres, ces résultats ne sauraient être douteux. Même dans ce dernier cas, le visiteur ne doit pas rester inactif, ni renoncer à toute influence bienfaisante. La volonté, pourra-t-il se dire, bien qu'elle ne soit pas libre, n'est ni aveugle, ni sourde, ni imbécile, en général; ce qu'elle veut, elle le veut pour quelque motif déterminé, par la haine ou le désir de posséder le bien d'autrui. Elle a poussé à tuer ou à voler; mais les facultés de l'homme, influencées ou influençantes, forment une sorte de chaîne circulaire qui n'exclue point quelques mouvements que peut corriger la raison, le sentiment, même l'égoïsme.

Le condamné qui est en prison ou qui en sort, bien qu'il soit le même organisme, n'est pas la même personne qui a commis la faute. C'est, ou cela peut être, cette autre personne qui existait avant de la commettre; cela doit être, au moins, si la prison n'a pas été corruptive et n'a pas rendu chronique un mal passager.

Malgré tout son fatalisme organique, le prisonnier a été honnête pendant quelque temps. Pourquoi ne pourrait-il pas l'être à nouveau. Pourquoi n'aurait-il pas l'espoir raisonnable de rétablir l'état antérieur à la faute qui est l'état normal de l'humanité et a été le sien pendant de longues années ?

Le délit révèle la disposition à le commettre; mais, en général, il n'imprime point de caractère, et celui qui l'a commis peut redevenir ce qu'il était avant de l'avoir commis, si l'occasion qui en a été la cause déterminante ne se reproduit pas, comme c'est le cas le plus général, ou peut du moins l'être.

Le souvenir du délit peut agir et agit même, dans beaucoup de cas, comme un mauvais levain, à cause de la disposition intime qu'il laisse chez celui qui le commet et plus encore à raison de l'anathème que la société lance contre lui. Cette disposition intime disparaîtrait peut-être si la différence essentielle que l'opinion fait entre l'homme libre et le prisonnier disparaissait. Ce dernier peut finir par se croire et devenir ce que les autres supposent qu'il est, une personne ou une chose *définitivement* exceptionnelle et anormale. Il faut combattre énergiquement cette idée du *définitif*, et répéter que le délit, généralement, n'est pas un état permanent, mais bien transitoire, et que le délinquant qui a passé une partie de sa vie sans l'être, peut revenir à l'état antérieur.

La fatalité qui lui a permis de vivre en paix avec la loi ne l'empêchera pas de se réconcilier avec elle. Si, d'un côté, l'inclination au mal est fortifiée par le mépris de la société et le souvenir de ne pas lui avoir résisté, d'un autre côté, elle doit être combattue par l'expérience des maux qui sont résultés de ce qu'on y a cédé. La pensée de tant et de si graves douleurs, comme conséquences du délit, doit contribuer puissamment à rétablir l'état antérieur à ce délit. La liberté se recouvre plus facilement que l'honneur, c'est vrai ; mais la réprobation sociale n'est pas implacable ; elle le sera chaque jour de moins en moins.

Or, le visiteur est comme le messager de la société qui, par son intermédiaire, dit au prisonnier : Je crois à la possibilité de ton amendement et je te promets mon pardon. Nous dirons de l'amendement ce que nous avons dit à propos de la résignation : tous les raisonnements que nous venons d'indiquer ou tous autres analogues que pourrait faire un fataliste ne vaudront jamais la résolution de s'amender qu'aura celui qui sera persuadé que s'*il veut il peut.*

Il y a une circonstance atténuante au mal que peut faire le fatalisme, aussi bien dans la prison qu'ailleurs, c'est que les fatalistes ne sont pas logiques avec eux-mêmes ; car, dans la pratique ordinaire des choses, ils agissent et exigent que les autres agissent comme s'ils n'étaient point fatalistes, se mettent fort en colère après le domestique qui les vole, le traitent de vaurien et qualifient de perverse la femme qui les trompe. Comme nous le disions, il sera très rare de rencontrer un prisonnier fataliste, et le visiteur qui le serait est tenu de garder la plus absolue réserve sur ce point, parce qu'il n'a pas le droit d'introduire ses opinions comme élément perturbateur dans l'esprit du prisonnier. Si c'est un fanatique de la raison (car celle-ci a aussi ses fanatiques), il doit chercher un autre moyen de faire le bien, car les fanatiques ne font pas de bons visiteurs du prisonnier.

S'il n'est pas un fanatique il doit comprendre :

Que le fatalisme, vérité pour lui, ne l'est pas pour l'immense majorité des hommes ; qu'il ne doit point présenter sa vérité comme celle de tout le monde ;

Que la vérité de quelques personnes, repoussée par tout le monde depuis des siècles, n'est qu'une simple opinion et qu'on ne doit point la démontrer au prisonnier, sous peine de lui rendre plus difficile la résignation et l'amendement ;

Qu'enfin les soi-disant vérités qui font du mal, pourront devenir des vérités, mais qu'elles sont encore fort suspectes d'erreur.

Ces réflexions qu'il doit se faire équitablement et en conscience lui imposent la plus complète réserve sur ce qu'il peut penser du libre arbitre. Si le prisonnier y croit, cette croyance peut contribuer à le corriger ; et diminuer les chances de son amendement constituerait un véritable attentat.

On voit d'ordinaire le détenu plutôt irréligieux que fataliste (du moins en Espagne) mais son impiété est bien plus en surface que réfléchie. Il ne combat point la religion avec des arguments, il l'a simplement mise de côté parce qu'elle lui était un obstacle.

Il y a des détenus profondément irréligieux, mais, en général, ils ne le sont que par l'écorce, et tel, qui blasphème et se moque des pratiques religieuses, n'oserait pas fouler aux pieds une hostie consacrée ni donner un soufflet au cardinal qui visite sa prison (1).

De même que le visiteur fataliste ne doit pas établir dans la prison une école de scepticisme, de même le croyant ne doit pas être un missionnaire. Le lieu n'est pas propre à une propagande religieuse, on y ferait plus d'hypocrites que de convertis.

Sans nommer la religion, le visiteur doit soigneusement observer tout ce qui s'y rapporte. Par cette observation il saura si le prisonnier est radicalement irréligieux, ou si, au fond, il conserve les éléments de la religion ou de quelque religion.

Dans le premier cas il doit renoncer à le convertir : les croyances ne se déterminent pas par des discours ; et, lorsque pour bien des causes on ne *sent* point la religion, on n'en a pas, ou on n'en aura pas. La prédication est alors non seulement inutile mais même nuisible, parce qu'elle diminue le visiteur dans l'esprit du prisonnier.

L'animosité que les croyants nourrissent d'ordinaire contre ceux qui ne croient pas est payée en

(1) Historique.

retour du mépris de ceux-ci par une injustice mutuelle fort générale.

Le prisonnier, *esprit fort*, traitera de crédule le croyant ; dans cette circonstance il s'estimera bien supérieur à lui et il importe qu'à aucun point de vue il ne s'attribue une supériorité quelconque.

Lorsque l'irréligion n'est pas profondément enracinée on enlève sans grande difficulté ce qui recouvre le fond religieux. Il suffira d'un souvenir, d'un exemple, de l'évocation de la mère qui vécut ou qui est morte en priant Dieu de consoler son fils dans la prison et de l'aider à s'amender, qui le lui demandait au milieu des sanglots interrompus par la prière qu'elle lui apprenait quand il était enfant ; du souvenir de la sœur pieuse qui le portait dans ses bras et lui fit faire ses premiers pas ; de celui de l'épouse qui ne sait que répondre quand les enfants demandent où est leur père, les agenouille et leur apprend à prier le Seigneur de le leur rendre bientôt, ou bien encore celui de l'ami qui est resté ferme dans sa foi et le respect de la loi, ou du camarade qui est mort résigné, repentant, et dans l'espoir d'une autre vie meilleure. Toutes ces choses, ou quelques-unes d'entre elles peuvent réveiller le sentiment religieux endormi au fond de l'âme du prisonnier, D'autres fois une joie inattendue ou une douleur aiguë le disposeront à remercier Dieu ou à l'implorer.

Nous avons dit que sous les apparences de l'impiété il est possible et même ordinaire que le détenu conserve le sentiment de la religion ou de *quelque* religion. Le visiteur alors ne doit pas essayer de lui imposer la sienne, ou bien, s'il est de la même religion, il ne doit pas vouloir que le prisonnier la pratique complètement et dans tous ses détails, à moins qu'il ne s'y prête de bonne grâce. Un esprit grossier, rebelle aux lois divines et humaines ne saurait être, tout d'un coup, rendu docile à tout ordre qui n'a point de sanction matérielle. De ce qu'un brigand porte un scapulaire et que dans certaines circonstances il témoigne d'une certaine peur de l'enfer il ne faut pour cela prétendre le convertir en un Louis de Grenade. Il faudra utiliser pour sa consolation et son amendement la religion qu'il aura, celle qu'il peut avoir et, s'il est possible, l'épurer de superstitions grossières. Mais en cela il faudra être d'une grande prudence, l'homme crédule et le croyant se confondent quelquefois si bien qu'ils forment un tout indivisible, et l'on ne pourrait attaquer la superstition sans ébranler la religion. Dans ces cas, qui sont fréquents dans les prisons, il faut laisser l'individu être religieux à sa manière, quand même il ne serait pas très orthodoxe, soit par ce qu'il ajoute, soit par ce qu'il retranche.

Il semble, à première vue, qu'avec des hommes rudes, durs pour eux-mêmes comme pour les autres, dont la sensibilité est sinon endurcie du moins engourdie par l'habitude de la souffrance, la partie terrifiante de la religion devrait être celle qui doit le plus frapper leur esprit, mais, si on examine avec plus d'attention et qu'on observe bien, on s'aperçoit que si les prisonniers qui sont ou se croient en danger de mort, donnent quelques signes de repentir et se soumettent à quelques pratiques religieuses par crainte de l'enfer, ils sont fort peu ou même point du tout accessibles à cette crainte quand ils jouissent d'une bonne santé.

L'individu peu cultivé d'esprit, en général, et, particulièrement le prisonnier, est surtout l'homme du présent, du rapproché. C'est pour s'y être attaché sans considérer l'avenir qu'il se trouve en prison, ce qui ne le fait pas changer de nature. Mourant, il craint l'enfer parce qu'il le voit tout proche, bien portant, il ne pense point aux peines éternelles parce qu'elles ne lui semblent pas immédiates et il s'en moque comme il se moquait de la loi quand il l'a enfreinte, alors qu'il était en liberté.

Il vaut mieux lui présenter la religion comme une espérance plutôt que comme une terreur. On objectera peut-être que l'espérance d'un bien, tout autant que la menace d'un mal, est chose future et par conséquent inefficace, mais en réalité *l'espérance* est un bien positif et présent.

Bien des gens vivent d'espérance avec résignation et même s'estiment heureux; l'espérance est toujours une consolation et le détenu est un malheureux. La voix qui lui dit d'espérer lui paraît douce, car, depuis longtemps il n'entend que la voix irritée de ceux qu'il a offensés ou la parole sévère de ceux qui le châtient. Enfin, comme le prisonnier est un faible moral la crainte le déprime davantage tandis que l'espérance le relève et lui donne des forces.

Ce que nous avons dit du fataliste s'applique également au visiteur incrédule. Il commettrait une très grande faute en combattant la croyance religieuse du prisonnier qu'il ne saurait en conscience priver de l'appui et de la consolation qu'il en retire.

Devra-t-il feindre une croyance qu'il n'a pas? Pas du tout. La fiction et le mensonge, moyens réprouvés, n'atteindraient point son but. La raison et la loyauté conseillent la réserve et le respect de la foi de celui qui la possède; mais cette réserve nécessaire est une situation très désavantageuse et l'on peut être certain que, toutes choses égales, le visiteur incrédule aura une infériorité marquée sur le visiteur religieux. Il faut se garder des extrêmes, en se figurant que la religion peut tout ou qu'elle ne peut rien. La religion a des influences mais, elle aussi, en subit; elle a la propension de prendre la couleur du verre qui la renferme; douce chez l'âme tendre, elle est cruelle chez l'homme dur. Sainte Thérèse et l'Inquisition adoraient le même Dieu, ce divin Jésus qui pardonna à ses bourreaux et priait pour eux.

Pourtant c'était lui qu'on invoquait en torturant et en brûlant des hommes tout vifs.

Si le prisonnier a de la religion, elle peut être un auxiliaire pour le corriger; mais il faut se rendre compte que probablement il la déforme dans la mesure de sa méchanceté.

CHAPITRE VII

Difficultés que doit surmonter et avantages dont doit profiter le visiteur du prisonnier

Le visiteur du prisonnier a pour objectif de consoler un malheureux, de secourir un délaissé et de contribuer à l'amendement d'un coupable : programme court en paroles, mais long en fait; car il comprend l'œuvre la plus difficile que la charité puisse entreprendre et la raison conduire.

Les obstacles pour l'exécuter sont les uns individuels, les autres généraux.

Les premiers, on en connaît l'existence, mais on n'en connaît pas la nature.

Il est impossible de donner d'autres règles pour les surmonter que celles dictées par la raison et inspirées par le sentiment.

Tout homme diffère d'un autre homme et plus encore un prisonnier d'un autre prisonnier. Quand il s'agit de calmer des douleurs et de corriger des fautes il surgit de nouveaux obstacles qu'on ne saurait surmonter que par l'étude de chaque invidu.

Les difficultés générales ont leur origine dans le sentiment, la volonté et l'intelligence, et parfois dans toutes ces manifestations de l'esprit humain. Les obstacles intellectuels sont les plus apparents. L'intelligence est la chose unique que l'homme ne puisse feindre, et, qu'il en manque ou qu'il en possède, il lui est impossible de le dissimuler. Dans cet ordre d'idées, tout au moins, l'hypocrisie n'est pas à craindre et la vérité se fait facilement jour.

Les prisonniers ont en général : 1° une intelligence fort limitée, insuffisante pour se diriger dans le chemin tortueux de la vie ;

2° Une intelligence qui n'est devenue radicalement insuffisante que parce que l'ignorance et les erreurs sont venues l'obscurcir ;

3° Une intelligence suffisante, mais entraînée par la passion et mal défendue par une volonté déprimée ;

4° Enfin, une intelligence qui n'a été employée que comme l'auxiliaire d'une volonté pervertie.

Si les obstacles intellectuels sont grands, les obstacles moraux sont encore plus grands, parce qu'ils renaissent sans cesse.

L'entendement qu'on a éclairé reste éclairé, que celui qui en a reçu la clarté le veuille ou non. C'est une vérité qu'on reconnaîtra et qu'on ne saurait méconnaître, alors même qu'une volonté pervertie pousserait à agir en opposition avec lui.

L'ignorance une fois dissipée ne revient plus, mais la tentation du mal se reproduit. On peut la combattre, en triompher par instants, mais elle revient. Enfin, comme nous l'avons déjà dit, ce n'est pas l'entendement qui peut être hypocrite, mais seulement la volonté.

La sincérité est si rare en ce monde que ce serait folie de la chercher dans les prisons où, plus elle est nécessaire plus il est difficile de la rencontrer.

On dirait que plus il est intéressant de connaître les pensées intimes d'un homme plus il a de propension à les cacher. On suppose naturellement que celui qui agit bien pense bien; on n'a pas l'idée de le vérifier, et lui-même, seulement par modestie ou humilité, se défendrait contre une pareille recherche.

Mais celui qui a fait le mal que pense-t-il? Quels sont ses sentiments? Plus mal il pensera, plus il s'en cachera très vraisemblablement.

L'hypocrisie est tellement commune et naturelle chez le criminel, que, tout invraisemblable que cela puisse paraître elle est le plus souvent alliée au cynisme. Tel qui se vante d'un crime en nie un autre moins grave, parfois même une simple vétille, pour telle ou telle raison, même sans savoir pourquoi.

Le cynisme et l'hypocrisie sont souvent associés l'un à l'autre, et nous poserions volontiers, quant à nous, comme une règle que : l'*homme cynique* (criminel ou non) *n'est pas sincère*.

En hypocrisie, comme en tout, il y a des degrés et des nuances. Bien que généralement le coupable ait la prétention de dissimuler sa physionomie morale, il ne ment pas cependant toujours de propos délibéré. Il cède le plus souvent au désir bien naturel de ne pas montrer toutes ses faiblesses, toutes ses fautes, tous ses crimes, il veut se rendre moins odieux en niant soit les fautes, soit les mobiles qui l'ont fait agir.

Dans la pratique, il importe beaucoup pour le visiteur de distinguer nettement ces deux hypocrisies : celle qui tend directement à le tromper et celle qui emploie la tromperie, non comme un but, mais seulement comme moyen d'inspirer la sympathie; car dans ce dernier cas il est bien plus facile d'arriver à la vérité et à la faire jaillir; mais de toutes façons l'hypocrisie est un obstacle avec lequel il faut compter dans un grand nombre de cas.

Le soupçon et la défiance sont bien plus fréquents en prison que dans le monde. Celui qui trompe est disposé à croire qu'on le trompe. Il est porté à considérer comme des ennemis tous ceux qui ne sont point ses compagnons de crime et d'infortune et à confondre dans son esprit rancunier le soldat qui l'arrête, le juge qui le condamne, l'employé qui le surveille et la personne charitable qui le visite.

Que se propose donc cet homme qui vient le voir, sans être son parent ou son ami, sans y être contraint et sans qu'on le paie pour ces visites? Il ne le comprend pas, cela lui devient facilement suspect, il a des soupçons, et ne réussit pas à trouver le calcul intéressé que peut bien faire ce monsieur; mais il en fera un, parce que tout lui paraîtra plus vraisemblable qu'une abnégation dont il ne peut se faire une idée.

Lui, ne reçoit de visite que pour un motif ou pour un autre, mais quant à croire qu'on ne vient le voir que pour lui faire du bien, il ne sera pas si sot, et, à la compassion menteuse du visiteur il répondra par d'autres mensonges.

Cette méfiance et cette incrédulité du prisonnier à l'égard de la pieuse bienveillance du visiteur ont également leurs degrés, et il faut le plus souvent compter avec eux car elles constituent un grand obstacle.

I' y en a un autre et des plus graves, c'est l'injustice dont a été victime le prisonnier, qu'elle soit réelle ou simplement imaginée par lui. Dans ce dernier cas il sera souvent possible de rectifier l'erreur et de calmer l'indignation qu'elle a produite.

Mais, ce qui est grave, c'est quand il n'y a pas eu d'erreur, quand il y a eu réellement injustice, cas plus fréquent qu'on ne le croit, car il y a beaucoup de lois injustes et beaucoup de juges qui, par la manière de les appliquer, loin de diminuer le mal, l'augmentent.

Si le prisonnier n'est pas religieux, si on ne lui conseille pas, au nom de Dieu, de souffrir avec résignation, si on se borne à lui faire remarquer que lui aussi a été injuste, on aura de grandes difficultés pour calmer son esprit.

Pense-t-on qu'on pourra y parvenir simplement par des arguments tels que ceux-ci : Que la raison conseille de se soumettre à la nécessité; que le désespoir loin de calmer augmente la douleur; qu'au contraire on l'adoucit par la patience; que la patience peut beaucoup, etc., etc.

De toute façon lorsque dans l'application de la peine, il y a injustice, le visiteur ne doit pas essayer de la dissimuler ou de l'excuser; il doit, au contraire, la reconnaître avec franchise, la déplorer et s'indigner contre elle, seul moyen de ne pas paraître accepter une sorte de complicité morale qui lui aliénerait l'esprit du prisonnier.

A côté de ces difficultés il y a également des avantages généraux et individuels. Pour en profiter il faut étudier l'individu, sa situation actuelle et les circonstances de sa vie antérieure.

Au nombre des avantages généraux le premier résulte de ce que le visiteur ne se trouve auprès du détenu que parce qu'il a été appelé par lui, ou du moins avec sa permission (1). C'est-à-dire que

---

(1) Le visiteur charitable ne doit jamais visiter un prisonnier sans son autorisation.

ce fait constitue un acte libre de sa volonté, de cette volonté qui au lieu de s'affirmer a été obligée de supprimer ses manifestations.

Cette diminution morale de l'homme, si contraire à l'amendement du prisonnier, produit dans son esprit un grand trouble et un grand malaise et c'est un commencement de renaissance à la vie de l'âme, et une impression agréable que ce fait, qu'il y a quelque chose qu'on ne lui impose pas, sur quoi on le consulte, et qu'il *peut* accorder ou refuser.

Le visiteur doit insister sur le fait de cette permission et s'assurer que le détenu l'a fait appeler ou a autorisé la visite, qu'il a eu la satisfaction de faire usage de sa volonté. Le prisonnier n'analyse pas ce que cela signifie et l'importance du fait, mais rien que parce qu'on le consulte, qu'on fait ce qu'il veut de raisonnable, il se sent moins indigne devant la personne qui se trouve là, parce qu'il peut l'admettre ou la renvoyer, parce qu'il n'est plus seulement un chiffre mais un homme.

Cette idée claire ou confuse, ce sentiment plus ou moins vague, se corrobore et se fortifie par les procédés du visiteur, plein d'autant de considération et d'égards qu'il pourrait en avoir envers un grand seigneur ; égards non calculés ni cérémonieux, mais tout spontanés et sincères ; égards qu'inspire à toute âme généreuse et compatissante un malheureux faible et opprimé. Il est malheureux à juste titre; mais, de ce qu'un malheur est mérité, ce n'est pas moins un malheur, et la charité n'a pas besoin d'absoudre pour être compatissante.

Nous sommes certains de ne pas exagérer combien il est avantageux pour le visiteur d'être admis librement par le prisonnier et de le traiter avec courtoisie. L'homme qui l'a arrêté, le geôlier qui l'a écroué, le juge qui l'a condamné, le gardien qui le surveille en prison, tout le monde l'a traité avec sévérité, peut-être avec mépris et dureté; le visiteur est la première personne qui lui parle avec douceur, qui lui donne quelques marques de considération et de compassion, qui le recherche et vient le consoler dans le séjour de la désolation et de honte dont s'écartent les amis, peut-être même les proches et les parents.

Pour le prisonnier qui n'a pas perdu les qualités essentielles de l'homme, tout cela le pénètre parfois très profondément.

Sans doute (quoique cela se produise quelquefois), cela n'enlèvera pas *instantanément* le masque d'hypocrisie, mais cela le prédispose à la confiance, et, avec le temps, pourra lui donner beaucoup à penser. En se voyant traité comme un homme, le prisonnier consent à être plus humain, et la bienveillance peut réveiller chez lui de bons sentiments qu'on croyait morts et n'étaient qu'endormis.

Nous ne pensons pas que dans la vie l'ingratitude soit aussi commune que veulent bien le dire certaines personnes qui n'ont guère fait, peut-être, beaucoup de bien ; mais enfin, elle existe et sera bien plus fréquente dans les prisons. Mais, d'autre part, la reconnaissance n'y est pas tellement rare que le visiteur ne puisse la considérer comme une alliée probable.

Dans l'ingratitude du monde, il entre des éléments qui manquent en prison. Il est possible que celui qui recouvre la liberté oublie le bien qu'on lui a fait, mais pendant qu'il est prisonnier il sera quelquefois reconnaissant, sinon profondément, du moins sincèrement.

La gratitude est un beau sentiment qui peut exister même chez les plus pervers et briller comme une lumière dans une caverne. Le visiteur qui sait l'inspirer a en elle un moyen puissant d'influence sur le prisonnier.

Si ce dernier est plus hypocrite et ordinairement plus défiant que la généralité des hommes, il est cependant un homme sociable et communicatif jusqu'à un point qui n'exclut pas même l'imprudence.

Que de crimes ont été découverts parce que leurs auteurs n'ont pas su se taire. La propension naturelle à la communication, à l'expansion et, dans certains cas, à une véritable confession, peut être utilisée par le visiteur pour connaître le prisonnier qui, bien que défiant et menteur, ne restera que rarement impénétrable.

On qualifie de bêtise et de folle imprudence la franchise de certains criminels, ne songeant point que cela correspond à des besoins profonds et impérieux de l'humanité. Le délit est composé de choses connues et de choses inconnues. Celles qu'on ignore sont le secret du coupable, secret qui pour un motif ou un autre, lui pèse parfois beaucoup, et il se soulage en le disant; or, le visiteur peut obtenir qu'il se soulage avec lui. L'instinct de sociabilité fournit encore un appoint à l'œuvre du visiteur quand la prison est cellulaire.

C'est là surtout qu'il sera le mieux accueilli ; sa présence, ses paroles sont un bien pour le reclus solitaire qui, désirant une compagnie, peut profiter des enseignements qu'elle lui fournira.

L'inégalité du caractère est un signe de faiblesse ; le délinquant, qui est un faible au point de vue moral, manque généralement de cette force qui domine les mouvements perturbateurs de l'âme ; il manque de cette égalité qui est l'équilibre d'une volonté forte. Cependant, ces agitations, qui ne sont pas dominées par la raison, sont comprimées par la discipline.

Les règlements ne peuvent admettre les excentricités de la douleur et de la joie. Il faut se coucher à telle heure, qu'on ait ou non sommeil; se lever à telle autre, quand bien même on se sentirait fatigué et qu'on aurait envie de dormir; travailler, se reposer, manger au son de la cloche ; il faut parler d'un air soumis ou se taire quand on le commande, fût-ce même sans raison. Tout cela est inévitable, en grande partie du moins, mais c'est très dur à supporter, et le point de départ de plus d'une révolte a été cette tranquillité extérieure imposée à des esprits agités dont les mouvements comprimés se sont accumulés et ont fait explosion. Le visiteur ne peut changer les règlements de la prison, mais le prisonnier peut avoir avec lui des épanchements de cœur et quand il sera de mauvaise humeur il peut être grossier, insolent même, sans manquer aux règlements ni s'exposer à aucune punition. Il est bon de leur faire comprendre que dans ses relations avec le visiteur, il n'y a aucune discipline, qu'il peut s'épancher même grossièrement sans s'exposer à aucune plainte, à aucune accusation de ce chef.

Dans ces explosions de mauvaise humeur et de colère et dans les réactions qui les suivent, le prisonnier peut se faire connaître beaucoup, c'est comme une parenthèse ouverte dans leur hypocrisie.

En outre, quand le visiteur possède une véritable mansuétude, une tolérance infinie de charité, il aura un pouvoir bien plus grand que ne le suppose celui qui ne l'analyse pas et qui ignore ce que peut la force et l'amour. Nous citerons à ce sujet un exemple qui peut servir de modèle. Celui qui l'a donné était lui-même un modèle de vertu.

Dans une grande ville que nous ne voulons pas nommer, il y avait un établissement qui n'avait de bienfaisant que le nom, dont les pensionnaires recevaient un traitement, nous ne saurions dire une éducation (Dieu veuille que cela n'existe plus aujourd'hui) la plus propre à les pervertir et à les rendre malheureux.

M. Jacques de Masamau voulut leur donner des leçons de musique et de chant et obtint dans ce but la permission du directeur.

On désigna le local, et à l'heure indiquée le maître s'y trouva. Les élèves entrèrent, hommes, jeunes gens et enfants, conduits par des surveillants armés de gourdins dont ils se servaient fréquemment. Celui qui restait en arrière recevait des coups de bâton comme s'il était une véritable bête qu'on voulût enfermer. M. de Masamau pria le directeur de supprimer le surveillant, c'était le seul moyen de supprimer les coups de bâton. Celui-ci lui répondit que sans surveillants, il ne saurait s'entendre avec ces gens très méchants, qu'il y aurait grand tumulte, scandale, qu'on le frapperait, etc., etc. Cet homme charitable soutint que malgré tout il voulait rester seul avec ses élèves. Le directeur répéta de nouveau ce qu'il venait de dire mais M. de Masamau insista et finalement obtint ce qu'il désirait.

On ne lui faisait cette concession que comme à un fou qui ne savait ce qu'il demandait et qui se repentirait bientôt qu'on ne la lui ait pas refusée.

L'heure de la classe arriva, les hommes à gourdins se retirèrent. L'absence de ceux-ci, comme ce que dit le maître, dut impressionner les élèves car il n'y eut ni tumulte, ni désordre, mais, bien au contraire, un ordre relatif qui au bout de quelques jours fut parfait. Ce qui fut le plus difficile à obtenir ce fut qu'on ne fumât pas en classe, mais enfin il obtint ce sacrifice de la part des fumeurs, excepté d'un seul. C'était un forgeron, homme brutal, qui non seulement fumait, mais encore répondait par de grossières insultes aux doux avertissements du professeur. Celui-ci s'arrangea pour le trouver seul et le dialogue suivant eut lieu entre eux :

M. Jacques : Je viens vous donner une satisfaction. — *Le forgeron* : Vous ! à moi ? — *M. Jacques* : Oui, Monsieur. Hier sans le savoir et sans le vouloir, parce que volontairement je n'offense jamais personne, je vous ai offensé sans doute, et je voudrais savoir le sujet de plainte que vous avez contre moi, pour réparer ma faute. — *Le forgeron* : Votre faute ? — *M. Jacques* : Oui ma faute, car si je n'en avais pas commis quelqu'une, si je ne vous avais pas offensé, vous ne me traiteriez pas si mal.

Des larmes coulèrent sur le noir visage du forgeron. Je ne fumerai plus, dit-il, et il ne fuma plus désormais dans les classes de chant.

CHAPITRE VIII

Classement

Le classement des prisonniers varie généralement suivant celui qui le fait ; mais la différence est bien plus souvent dans la nomenclature que dans la substance même, et a une grande influence dans la manière de voir d'après le point de vue auquel on se place. Tout d'abord, suivant que l'on verra dans le prisonnier un homme à corriger, à punir, à craindre, ou bien encore un homme incorrigible, un homme qui n'est qu'une dépense improductive ou un être qu'on peut utiliser de nouveau, un homme qui fait le mal fatalement ou qui peut encore réagir contre la tentation du mal, le classement devra varier non-seulement d'après les opinions de celui qui le fait, mais aussi suivant le but qu'il se propose d'atteindre. Le visiteur, dans un certain sens, a un champ moins étendu de classement, des horizons plus rapprochés, (bien que dans un autre sens ils soient fort vastes). Le but qu'il se propose est plus concret et les conseils de la réalité des faits, auxquels il ne saurait rester sourd, coupent les ailes à un grand nombre de témérités abstraites. Consoler un malheureux, porter secours à un abandonné, amender un coupable, tel est le but qui doit déterminer son classement.

Il classe l'homme privé de liberté comme un *malheureux*. Il classe le coupable et l'abandonné dans *les faibles*. Il range le délinquant parmi *ceux qui ont besoin d'être corrigés*.

Avoir de la compassion, porter secours, sur ce point il n'y a ni à réfléchir ni à hésiter, mais, corriger? Tel prisonnier est-il corrigible ou ne l'est-il pas? Qui sait? Qui pourrait sans témérité affirmer ou nier?

M. Ammitzboëll, directeur du pénitencier de de Vridslocselille (Danemark), disait au Congrès de Saint-Pétersbourg : « Trois mille prisonniers « me sont passés par les mains, sur ces trois « mille je n'en ai pas trouvé un seul qui fût « incorrigible. » Le visiteur peut douter, mais il ne doit pas dire : Dans le doute abstiens-toi ; mais, au contraire : agis avec activité.

Sauf le cas de monstruosités probablement pathologiques, le doute c'est l'espérance et on ne doit pas la séparer de ses divines compagnes la charité et la foi (1).

(1) M. Leveillé en relatant la remarquable affirmation de M. le directeur du pénitencier de Vridslocselille ajoute que

Le premier travail de classement doit avoir pour but de rechercher la part que le prisonnier a eue dans le mal qu'il a fait. Est-il d'une honnête famille dont les bons exemples et les bons conseils lui auraient permis de se guider dans la bonne voie?

N'a-t-il point été exposé aux tentations de la misère? Aucune méchanceté n'a-t elle point provoqué les réactions de sa colère? Alors la faute toute entière est à lui. On peut dire alors qu'elle naît complètement de lui-même. C'est le cas le plus grave.

S'il est, au contraire, d'une famille vicieuse et perverse dont les exemples et les conseils l'ont conduit au mal, si la misère l'a tenté, s'il a été endurci par la cruauté, aigri par l'injustice, si les mauvais instincts des autres ont provoqué l'explosion des siens ; alors, il pourra se faire qu'il n'ait qu'une très petite part de la faute et même qu'il n'en ait aucune responsabilité.

Mme Concepcion Arénal écrit de Vigo : « *Il n'y a pas d'incorrigibles il n'y a que des incorrigés.* »

Nous ne nous étonnons pas que M. Léveillé dans l'espèce de tourbillon intellectuel et matériel d'un Congrès comme celui de Saint-Pétersbourg ait commis une erreur à propos de ce que nous avons écrit dans notre rapport. Nous voulons croire qu'il nous permettra de le rectifier, précisément à raison de l'importance que nous attachons aux appréciations d'un homme tel que lui. Nous avons dit : *Est-ce que incorrigible est la même chose que incorrigé?* et notre réponse a été négative parce qu'on ne peut

Entre ces deux cas qu'on pourrait appeler extrêmes, il y a les cas intermédiaires dans lesquels le délit est la conséquence de dispositions personnelles et de circonstances extérieures tout à la fois. La proportion dans lesquelles sont entrées les unes et les autres a un grand intérêt pour celui qui veut faire un classement; on doit se contenter souvent de simples approximations pour ne pas sortir de la réalité des faits.

Le cas de peu ou pas de faute, chez le délinquant, qui semble le plus favorable, peut être fort grave, et il doit être classé comme tel, si l'habitude du mal s'est convertie en seconde nature.

Ces secondes natures se forment facilement; les caractères très fermes pour le bien comme pour le mal sont exceptionnels; la règle c'est que les mauvaises influences pervertissent comme les bonnes rendent meilleur.

pas savoir quels sont les prisonniers incorrigibles, quand généralement on fait tout ce qu'il faut pour qu'ils ne se corrigent pas. Notre opinion sur ce point est clairement exprimée dans le résumé de notre rapport ainsi conçu:

« 18° Que lorsqu'on aura sérieusement essayé par des
« moyens appropriés de corriger les récidivistes, s'ils com-
« mettent de nouveaux crimes ou délits, les périodes de
« liberté qu'on leur accordera soient chaque fois plus
« courtes, et la peine de réclusion chaque fois plus longue,
« pour se convertir enfin en réclusion perpétuelle, si on
« juge que le condamné est incapable de vivre conformé-
« ment au droit quand il se trouve en liberté. »

Dans le classement on doit tenir compte de l'âge du prisonnier sans cependant en exagérer l'importance.

Il peut arriver que de jeunes criminels agissent sans discernement, bien que nous ne croyons pas que cela arrive aussi fréquemment que les tribunaux le déclarent. Pour nous, un jeune homme qui a commis un crime avec toutes les circonstances qui seraient aggravantes, chez un homme, est un grand criminel. Cela effraie d'y songer, on ne veut pas le croire, on détourne la vue de ce spectacle qui offusque et fait frémir, qui déchire le cœur et trouble l'esprit et on se dit : Il ne savait pas ce qu'il faisait. *Absolution* naturelle et généreuse mais rarement conforme à la vérité.

Que le visiteur ne classe pas ces *innocents légaux* dans les coupables par ignorance et garde l'espoir de les voir corriger en leur apprenant à discerner le bien du mal; mais au contraire en les amenant à changer.

En effet, le jeune homme est peut-être pervers, fort pervers; mais sa manière d'être n'est peut-être pas définitive; il n'est point tout à fait formé. Dans ses idées, ses instincts, ses sentiments, il peut y avoir des troubles, conséquence du développement incomplet de quelques éléments qui laissent à d'autres un développement anormal; troubles qui cesseront quand il parviendra à la plénitude de ses facultés.

Chez les enfants et chez les jeunes gens honnêtes on remarque souvent qu'ils ont une époque de malignité, qui n'est que l'inégalité de leurs facultés qui croissent et se développent. Le mal qu'ils font n'est point transcendant, on ne le remarque même pas, mais son origine est souvent la même que celle qui conduit l'enfant ou l'adolescent devant les tribunaux.

Il faut beaucoup compter sur la croissance complète et le changement qu'elle amènera, il faut espérer qu'il se produira dans le sens du bien; mais on ne doit pas partager cette illusion que le délinquant imberbe agit souvent sans discernement, ou qu'il n'est que faiblement responsable aussi souvent que les tribunaux le déclarent. Lorsque le visiteur trouvera en prison des enfants de neuf, huit, sept et même six ans, que devra-t-il faire? Il regrettera de les trouver là et s'efforcera de les en retirer à tout prix, si cela lui est possible, et de faire en sorte que les erreurs de l'opinion, origine de l'injustice de la loi, se rectifient.

Des enfants aussi petits ne sont pas des coupables, encore que, quelquefois, et, par exception, ils soient dangereux.

Quand il en est ainsi, il faut les empêcher de mal faire; mais, ne point les traduire devant les tribunaux, et surtout ne point les faire passer par la prison où ils sont témoins et parfois victimes d'horreurs qu'on ne saurait nommer.

On parle des précocités extraordinaires du génie;

le crime, dit-on, peut aussi les avoir. Il les a, mais ce sont des exceptions tout-à-fait rares.

Doit-on habiller tout un régiment sur la mesure d'un géant qui en ferait partie? Nous le répétons : si un enfant, par sa malignité insensée, est dangereux, il y a des moyens de l'empêcher de nuire sans le mettre dans une prison pour qu'ensuite le juge déclare qu'il a agi sans discernement, alors qu'il aura appris dans cette grande école de perversion, ce que, pour son malheur, il n'oubliera jamais. Il est élémentaire dans tout classement de songer à la catégorie du délit qu'a commis le prisonnier et à toutes ses circonstances en distinguant soigneusement celles qui révèlent une perversité profonde de celles qui indiquent une violence spontanée. On comprend que les premières constituent le cas le plus grave, mais la violence, non préméditée, n'est pas toujours aussi légère qu'on pourrait le supposer. Tel qui a fait le mal sans y penser, s'il ne se modifie pas, sans y penser, le recommencera.

En faisant une classification, le visiteur ne doit pas s'égarer dans un labyrinthe de genres, de classes et de sous-classes. Il y a des gens qui voudraient pour chaque infraction pénale et pour chacune de leurs variétés une peine spéciale et critiquent, jugent même ridicule qu'on prétende guérir avec des remèdes pareils des maux si variés. Si on y réfléchit bien, on verra que ce sont eux qui tombent dans l'absurde et le ridicule en demandant l'impossible. Quel régime pourrait-on établir en présence de la variété des méthodes et quelle discipline pourrait s'adapter à la variété des infractions à la loi pénale? Cela est impossible et, quand même cela se pourrait, il faudrait y renoncer parce que ce serait onéreux et inutile.

Si le visiteur rencontre les facteurs *ordinaires* du délit tels que : une volonté opiniâtre ou faible, l'égoïsme aveugle, la raison insuffisante ou complice de la faute, l'instinct brutal ou la passion indomptée, ces éléments perturbateurs sont ceux qu'il faut modifier dans leur *essence* intime parce que la variété des résultats dépend de leur intensité et des circonstances extérieures.

Suivant les cas, tel vole une bourse contenant trois francs ou dévalise une caisse contenant trois millions; séduit une femme ou la violente, blesse ou tue. — Si le prisonnier peut être converti en homme de volonté droite et de raison suffisante, il deviendra honnête (au sens légal du mot, tout au moins) quel que soit le délit pour lequel il aura été condamné.

Pour obtenir cette rectification de la volonté et du jugement il faut songer au délit mais *en tant seulement qu'il donne une idée de l'individu* et ne pas croire qu'il faille une modification *spéciale* pour chaque infraction différente de la loi.

Le visiteur a besoin d'un classement spécial pour

savoir jusqu'à quel point le prisonnier est susceptible d'amendement et comment on devra le traiter;

S'il est franc, au moins d'une franchise relative, ou hypocrite, ou d'une réserve impénétrable;

Si la raison est défectueuse, insuffisante ou auxiliaire du mal;

S'il a quelque sentiment tendre, noble, élevé, de famille, de gratitude, de patrie, d'humanité;

S'il conserve quelque sorte de dignité que le visiteur pourrait ne pas discerner comme ne ressemblant pas à la sienne dans sa forme;

S'il est religieux ou non;

S'il est fataliste;

S'il est travailleur ou paresseux, habile ou maladroit dans son métier;

S'il est instruit;

S'il a utilisé son instruction pour commettre sa faute;

Quelles sont ses inspirations, ses goûts, jusqu'à quel point il peut les manifester, car l'un des moyens les plus efficaces de pénétrer ses sentiments, c'est de connaître ses goûts;

S'il est tranquille ou agité, gai, joyeux ou triste, et si sa tristesse et sa joie font contraste avec la nature de sa faute;

S'il y a contraste entre la nature du délit et sa conduite en prison, ou bien au contraire, si le prisonnier continue le coupable;

Si le délit est la conséquence d'une grande

force dans la tentation ou d'une grande faiblesse dans la résistance à la tentation ;

Si le délit s'est perpétré dans des circonstances ordinaires ou exceptionnelles ;

Si les éléments du délit sont tous mauvais, ou si dans le nombre se trouve quelque bon mouvement ; jusqu'où l'on peut juger en prison si son caractère est ferme ou faible, constant ou changeant ;

Si l'égoïsme qui se rencontre au fond de toute action mauvaise s'accentue ou se diminue dans la prison ;

S'il se plaint de tout et de tout ce monde ou s'il reconnaît de la justice en quelque chose et chez quelques personnes ;

Si la consolation qu'il reçoit du visiteur est due seulement à l'instinct de sociabilité et au calcul du bien matériel qu'il peut en recevoir, ou bien si elle pénètre un peu plus profondément dans son esprit sous la forme de gratitude, d'affection et d'espérance d'appui moral ;

S'il ne soupire pas après la liberté, ou si au contraire il se trouve passablement en prison.

Dans ce cas, il peut y avoir des prisonniers de diverses classes, tels que : le récidiviste que l'habitude d'être prisonnier a familiarisé avec la prison ; le condamné pour la première fois, mais dont le caractère se trouve dans une malheureuse harmonie avec son injuste procédé et qui supporte avec calme les conséquences du mal qu'il a fait avec préméditation ; enfin le brutal apathique qui, ayant ses besoins matériels satisfaits, ne souffre guère du manque de liberté.

Nous avons indiqué la nécessité d'observer si le prisonnier est joyeux et on s'étonnera qu'il puisse y avoir des cas de gaieté en prison.

Cependant cette gaieté existe et n'est point un indice certain, ni même rapproché, d'aucune qualité essentielle, parce qu'on la trouve à la fois chez de grands criminels et chez des condamnés pour de légers délits susceptibles d'amendement.

Dans un pénitencier, comme ailleurs, la gaieté n'est pas la joie, ni la joie apparente, ni la joie réelle. De ce qu'un prisonnier chante (là où on les laisse chanter) il ne faut pas en conclure qu'il soit content.

Il y en a qui ont chanté la veille de se tuer. En tous cas, sans donner aux apparences plus de valeur qu'elles n'en ont, le fait qu'un prisonnier se trouve bien dans sa prison est un mauvais symptôme pour son amendement.

Que le prisonnier se décourage, se résigne ou se familiarise avec la prison, il faut songer que l'influence de la prison en soi est mauvaise. Comment se fait-il donc qu'on l'emploie pour corriger? Est-ce parce qu'on ignore sa mauvaise influence ou parce qu'on espère qu'elle deviendra bienfaisante comme cela arrive dans les prisons bien organisées? Quoi qu'il en soit, lorsque le visiteur remarque quelque chose de commun à l'immense majorité des prisonniers, quelque chose qui ne semble point avoir de relation avec son tempérament ni avec son délit, ce quelque chose, c'est la *captivité* qu'il faut assainir, afin qu'elle ne soit point un élément de corruption. Il importe d'y songer, afin que dans le bilan moral on n'inscrive pas au passif du prisonnier ce qui doit être mis à la charge de la prison.

Le classement officiel peut être utile ou induire en erreur, suivant qu'il sera fait ou non avec des données suffisantes, avec assez de raison et avec cette impartialité d'esprit qui fait qu'on ne défigure point les faits parce qu'on les voit à travers des idées préconçues et le désir de les faire triompher. Quand on discute avec ardeur des systèmes différents ou contraires, quand on propose ou quand on met en pratique des innovations radicales et hardies; si ces nouveautés sont pour les uns synonymes de réussite et d'erreur pour d'autres; si on a en elles trop de confiance ou de défiance, le visiteur devra mettre beaucoup de circonspection dans le classement des détenus. Comme preuve de cette nécessité nous allons citer le classement fait dans un pénitencier qu'on cite comme un modèle de maison de correction, celle d'*Elmira* dans l'État de New-York.

Nous n'en prendrons que quelques données suffisantes pour notre démonstration. Nous extrayons du compte rendu le tableau suivant :

	EN 1886		EN 1890	
		%		%
Nombre des prisonniers.	2.378		4.194	
De caractère décidément mauvais.	1.247	52,4	2.182	52
Avec des facultés morales complètement défectueuses.	62	2,9	73	1,7
Entièrement incapables de sentiments moraux.	976	41	1.429	34,1
Manquant complètement d'affection filiale, de pudeur.	1.452	61	1.900	45,3
Ayant commis des délits contre la propriété.	2.226	93,6	3.920	93,05
N'ayant aucune religion.	220	9,3	232	5,6

Cette statistique, quoique partielle, n'en renferme pas moins les données suffisantes pour le but que nous nous proposons en la reproduisant. Ce qui frappe tout d'abord l'attention, c'est qu'en comparant l'année 1886 avec l'année 1890 on voit que ceux qui ont commis des délits contre la propriété (c'est-à-dire le plus grand nombre) se trouvait dans la même proportion 93, 6 % et 93, 5 % et il en est de même des caractères très mauvais. Les irréligieux diminuent de 9, 2 % à 5, 6 %, ceux qui manquent de facultés morales de 2, 9 % à 1, 7 %; ceux qui sont entièrement incapables de sentiments moraux de 41 % à 34, 1 % et ceux qui manquent complètement d'affection filiale, de pudeur, etc., de 61 % à 45, 3 %. Est-il possible qu'en quatre années on puisse vérifier un changement pareil, non dans le nombre et la classe des délits sur lesquels les circonstances extérieures peuvent influer beaucoup et promptement, mais bien dans les sentiments les plus intimes, les plus profonds du cœur humain? Est-il possible que ceux-ci diminuent ou augmentent d'un tiers ou de moitié en quelques années? Ce changement brusque, on pourrait dire instantané dans des manières d'être qui ne se modifient que lentement, très lentement, peut être dans les chiffres, il ne peut exister dans les faits. Ou bien c'est ce classement de 1886 qui est mal fait ou c'est celui de 1890 et aucun des deux ne peut inspirer confiance.

Quoique les détenus en correction à *Elmira*

soient des jeunes gens de 16 à 30 ans, délinquants primaires et pour des faits de peu de gravité, il faut cependant remarquer que sur 4.194 sur lesquels 93 % sont des voleurs, c'est-à-dire les plus difficiles à corriger, il y en a encore, en nous bornant aux données les plus favorables sur leur moralité,

 5,6 % manquant de religion.
 1,7 % » de facultés mentales.
 34,1 % » de sentiments moraux.
 45,3 % » d'affections morales, de pudeur, etc.
 52 % ayant un caractère très mauvais.

Ils sont restés dans la maison de correction de 20 à 21 mois et on garantit l'amendement de ces hommes avec tant de conditions pour récidiver dans la proportion de 75,8 % ! Est-ce probable, ou pour parler plus franchement, est-ce possible ?

Nous ne discutons pas la bonté du système et bien moins encore le mérite de M. Brockvoy, mais nous ne pouvons croire que ni l'un ni l'autre puisse faire l'impossible. Pour nous, il est évident que les prisonniers d'*Elmira* n'étaient pas aussi mauvais que le fait le classement de 1886 quand ils y entrèrent, ou bien qu'ils n'étaient pas aussi bons quand on les mit en liberté en garantissant leur correction.

Le lecteur jugera si les chiffres cités expriment la vérité des faits ou s'ils ne sont, que la preuve de la réserve avec laquelle, dans certains cas, il faut accueillir les données statistiques.

CHAPITRE IX

Généraliser. — Individualiser

Il y a des personnes pour lesquelles le prisonnier est un être à part, qui n'a que peu ou rien de commun avec le reste de l'humanité. Elles considèrent les délinquants comme une masse presque homogène sur laquelle a passé le rouleau de la loi et du mépris public, et les confondent dans une commune ignominie.

Cette manière de juger part de deux erreurs. La première consiste à mettre le coupable hors des lois de l'humanité comme s'il n'avait rien de commun avec elle. La seconde consiste à supposer entre les criminels une égalité qui n'existe pas. De telle sorte qu'on établit des différences où il y a des ressemblances et des identités où il existe des différences.

Ceux qui partagent ces erreurs ne peuvent être capables, ni comme juges, ni comme employés de prisons, ni comme visiteurs.

Il faut fuir les extrêmes et ne point faire du délit une sorte d'abstraction qu'on étudie plus ou moins bien, qu'on catégorise en oubliant les prisonniers.

Quand on condamne un homme à la prison pour plus d'années qu'il n'en peut voir, quand on lui inflige deux fois les travaux forcés ou bien tout à la fois la peine de mort et la prison, ne semble-t-il pas bien qu'on fait abstraction de l'homme coupable pour ne considérer que les fautes commises? La cause de ce fait provient de cette tournure d'esprit et de la tendance à ne voir dans les prisonniers que des quantités diverses d'un même tout, et qui ne diffèrent que par le temps de peine à leur infliger. Les coupables, loin de former une masse homogène, diffèrent entre eux bien plus que les honnêtes gens.

Il y a bien des manières d'être mauvais, il n'y en a qu'une d'être bon, bien que la bonté ait ses degrés.

Le respect de la vie, de l'honneur ou du bien d'autrui est le même dans son essence, alors même qu'il y a plus ou moins de mérite à l'avoir gardé. Mais quand il s'agit d'attaquer ces choses, quelle infinie variété, de cruautés et de ruses, d'imprudence, de courage ou de lâcheté, d'infamie, de maladresse, de perspicacité, d'hésitation, d'audace et de persévérance! Que de variétés dans les complications de tous ces éléments!

On sait, à peu près, comment un homme peut être honnête; mais, qui pourra deviner un pervers dans les aberrations de sa convoitise, de sa luxure ou de sa cruauté? Jusqu'à ce que la faute commise découvre cette individualité on l'ignore et même après, la révélation en est incomplète si une étude spéciale ne fait pas pénétrer dans les profondeurs ténébreuses du coupable.

Partant de cette supposition (fondée suivant nous) que les coupables diffèrent entre eux plus que les honnêtes gens, il faut plus individualiser dans la prison que dans le monde.

D'un autre côté, à part certaines monstruosités pathologiques heureusement fort rares, les règles générales de l'humanité sont presque toutes applicables en prison.

Les lois de la vie de l'esprit ont de commun avec les lois physiologiques qu'elles nous régissent, non seulement quand on jouit de la santé, mais aussi quand on est malade.

La maladie, elle-même, peut avoir sa méthode spéciale de guérison : mais elle a aussi l'hygiène commune au bien portant comme au malade, et la connaissance de la maladie suppose celle de la santé, car il n'est pas possible d'apprécier les altérations d'un organisme physiologique ou psychologique sans savoir comment il fonctionne dans son état normal. Et de fait, comment juge-t-on les coupables, comment les réglemente-t-on et comment arriver à influer sur leur esprit, si ce n'est en partant des ressemblances qu'ils ont avec les autres hommes ?

C'est d'après elles qu'ils sont coupables et d'après elles qu'ils sont corrigibles.

On ne juge pas un animal nuisible, on lui donne la chasse. L'accusation, la défense, le jugement et la peine, ne peuvent faire moins que de partir d'éléments communs à celui qui juge comme à celui qui est jugé, c'est-à-dire d'éléments humains. Et l'on en ferait abstraction en prison ? Loin de là, il faut les rechercher, les observer, les faire apparaître comme un point d'appui dont on ne saurait se passer pour l'amendement.

Le bon côté du coupable c'est ce qu'il a de commun avec la majorité des hommes, le mauvais, c'est ce qui les fait ressembler à ceux qui ont failli comme lui. C'est dans le mode de culpabilité que réside l'individualité.

On sait en règle générale que :

a) La part que prendra le délinquant à la vie normale et honnête, aux bonnes actions, voire même aux actions vertueuses, prédisposera son esprit et le fortifiera pour combattre les impulsions mauvaises.

b) La prédilection bien dirigée pour quelque chose ou quelque personne peut être une modification heureuse de mauvaises inclinations.

c) Les habitudes d'ordre venant d'un système qui soit une règle et non un rouleau qui écrase contribuent à régulariser les mouvements de l'esprit.

d) Les sentiments religieux peuvent aider les

bonnes résolutions ou contribuer à les provoquer.

e) La dignité ou seulement l'amour-propre du prisonnier, qui n'est pas complètement avili, souffrent de l'humiliation qu'il éprouve de se voir en quelque sorte assimilé aux animaux nuisibles qu'on traque et qu'on renferme après leur avoir donné la chasse.

f) La raison démontre au prisonnier que celui qui s'est fait redouter pendant un temps sera plus tard poursuivi et puni.

g) Qu''enfin le travail bien ordonné, qui est un allègement des tristesses de la vie, qui en est un plaisir, ou qui en interrompt les jouissances terrestres en prévient le dégoût. Ce travail est un auxiliaire puissant et un grand secours moral.

Quelle que soit l'analyse d'un délit, et le délit est toujours complexe, quelque compte que l'on tienne des résultats que donnent les diverses proportions de ses éléments, il importe de se rappeler que ces éléments sont toujours les mêmes dans leur nature, et, en appréciant les circonstances individuelles, il ne faut pas, au point de vue de l'amendement, faire abstraction des règles générales.

Il est nécessaire de faire autant que possible une sorte de balance morale du coupable pour calculer ce qu'il y a en lui de conforme à la loi générale, c'est-à-dire à l'humanité, et ce qu'il y a de mauvais en même temps que les formes spéciales de sa perversité.

Il est à remarquer que le côté individuel est le premier qui se présente au visiteur dans ses observations, et il pourra s'en servir comme d'un appui ou, suivant les cas, être amené à le combattre.

Mais, dans ce combat, combien ne lui faudra-t-il pas de prudence, de sagesse et de circonspection? Plus un défaut est personnel, plus il est persistant; il s'identifie avec l'individu comme s'il en faisait une partie intégrante; il en est de même des qualités et il faut autant que possible arriver à les compenser.

Un homme qui a commis une faute grave peut être plus susceptible de correction qu'un autre dont la faute sera bien moindre, si chez le premier l'élément humain s'est conservé plus puissant et donne un point d'appui qu'on ne rencontre pas chez le second. Les éléments humains et ceux anti-sociaux étant les mêmes, certaines qualités de l'individu pourront exercer une influence puissante et parfois décisive pour sa correction.

Un caractère emporté ou paisible, l'activité ou l'apathie dans le travail, des goûts plus grossiers ou plus délicats, une vanité irritable ou un amour-propre voisin de la dignité, qui l'est peut-être ou peut le devenir, les différents degrés d'ignorance et d'erreur dans la foi religieuse ou son manque absolu, le tempérament qui contribue tant au désespoir en prison, les circonstances et les souvenirs du passé, les illusions de l'avenir, les réalités du présent, ce vide, cette sorte d'absence de la vie, causée par la perte de la liberté, tout peut contribuer à faciliter ou à rendre difficile l'amendement.

Le visiteur peut arriver à la prison avec une connaissance générale du détenu. Mais l'individu doit (à son insu) contribuer aux modifications individuelles. En l'interrogeant fort peu, en l'écoutant beaucoup, en consultant ses goûts, en approuvant ses projets quand ils sont raisonnables, en prenant part à ses chagrins, comme le peut faire celui qui en a compassion, en s'identifiant autant que possible, du moins pour quelques moments, le visiteur pourra se faire une idée de l'individu. Cette idée sera-t-elle toujours exacte? Le sera-t-elle souvent!

Qui sait! Ce qu'il y a seulement de certain, c'est que sans généraliser et sans individualiser, dans la mesure convenable, on n'arrivera pas à la connaissance possible du détenu et on manquera d'un facteur puissant pour sa correction.

La connaissance de l'individu intime est indispensable pour avoir de l'influence sur le prisonnier, mais les applications de cette connaissance, quand on l'a obtenue, sont pleines de difficultés, car il faut agir *lentement*, et de plus, par *voie indirecte*.

Si on peut obtenir soit peu, soit beaucoup de l'amour-propre du détenu, il faut y prendre garde et le flatter même, non seulement en évitant les reproches, mais encore en dissimulant le conseil.

L'instant où il reçoit le mieux une leçon est justement celui où il se doute le moins qu'on songe à la lui donner, nous entendons leçon morale, car il se prêtera à recevoir toutes les autres sans se croire humilié pour cela.

Au milieu des nuances si diverses dans ceux qui font le mal, il est rare de ne pas trouver un point de resssemblance avec le reste de l'humanité, c'est-à-dire la défiance contre celui qui cherche à enseigner le bien, parce que l'idée de leçon implique celle de réprimande, tandis que le conseil inspire l'idée du sacrifice.

En résumé, on doit insister sur le besoin pour le visiteur de connaître :

1° Les éléments humains qu'il y a chez le détenu.
2° Les éléments du délit en général.
3° Les conditions individuelles du détenu.

Les éducateurs de la jeunesse cherchent d'abord ce qu'il peut y avoir d'homme chez l'enfant, ils considèrent ensuite l'élève, c'est-à-dire un sujet en vue d'une direction spéciale et de l'emploi des forces par rapport au but particulier qu'on se propose d'atteindre ; ils s'occupent enfin de l'être individuel avec tout ce qu'il présente de particulier et de personnel, pour l'harmoniser avec les éléments soit professionnels, soit généraux.

On dira peut-être qu'on ne saurait faire une pareille comparaison entre un jeune homme honnête et un adulte qui a commis des fautes et qu'il ne saurait y avoir aucun rapport entre eux. Mais l'objection ne nous paraît pas très concluante. Il est certain que l'élément humain sera plus prépondérant chez les jeunes gens honnêtes que chez des détenus, mais il est non moins vrai que chez l'enfant et ce jeune homme il y a une quantité d'inconnu à dégager, et, comme il s'agit ici non de *moralité* mais de *méthode*, celle que suit une éducateur logique donnera, croyons-nous, également un bon résultat dans la prison.

Pour l'application de ces règles et de bien d'autres, meilleures qu'on pourrait donner, on comprend combien sera utile l'*expérience* que dédaignent trop souvent les innovateurs et que préconisent trop les gens hostiles aux innovations.

L'expérience est une grande maîtresse, mais elle ne consiste pas dans la répétition d'actes irréfléchis et peu raisonnables, et ne se mesure pas au nombre de ses tentatives. Elle consiste dans une pratique raisonnée de procédés qui se modifient suivant les résultats bons ou mauvais.

L'expérience véritable est une lumière qui peut avoir, et qui a ses éclipses, c'est un instrument plus parfait d'observation, mais on ne saurait s'en passer. Le visiteur expérimenté observera mieux et plus vite, mais il lui faut nécessairement observer le prisonnier qu'il veut corriger.

CHAPITRE X

Repentir et amendement (1)

Le repentir se voit plus souvent dans les livres et les dossiers criminels que dans les prisons, surtout, si on entend par repentir le regret d'avoir mal agi, abstraction faite des inconvénients plus ou moins graves qui en sont résultés pour le coupable. C'est là un fait général chez les hommes qui font mal et non une manière d'être spéciale au condamné. La plus grande partie du mal qui se fait en ce monde n'est pas l'œuvre de ceux que la loi a frappés.

C'est l'évidence même pour quiconque médite sur les infortunes humaines et cherche à en découvrir les causes. Et ces quantités infinies de malfaiteurs que la loi n'atteint pas, que l'opinion publique

(1) Dans ce chapitre, nous serons obligés de répéter en grande partie ce que nous avons déjà dit dans nos *Etudes pénitentiaires* et dans un article publié dans le bulletin de la *Société générale* (française) *des prisons*.

n'incrimine peut-être pas, quelles preuves de repentir, quels signes d'amendement donnent-elles?

En Espagne, les sommes volées par ceux qui sont en prison sont insignifiantes comparées à celles volées par ceux qui jouissent en liberté du fruit de leurs rapines impunies ou légales, qui au fond n'en sont pas moins des vols.

Comme le disait un bandit dans une pièce de théâtre :

> Porque en suma
> El oficio es siempre igual
> Moz airoso con puneal
> Y moz comodo con pluma.

(En résumé le métier est toujours le même, plus gracieux avec le poignard, plus commode avec la plume).

Parmi ceux qui volent légalement ou échappent à l'action de la loi, il y en a de bien pires que ceux qui ont été condamnés en son nom, en raison non seulement de l'importance des sommes, mais encore en raison des circonstances et des conséquences du vol. Où voit-on trace de leur repentir? Ils donnent, au contraire, la preuve qu'ils n'en ont aucun. On entendra bien peut-être, et rarement, parler de restitutions insignifiantes et tardives, mais elles ne sont faites que sous l'empire d'autres préoccupations, qui ne sont en réalité, le plus souvent, que celles de la crainte aux approches de la mort de celui qui a mal agi.

Dès lors, le visiteur peut-il songer à rencontrer souvent le repentir dans la prison? Doit-il considérer le prisonnier non repentant comme un monstre? ou bien comme un homme semblable à tous ceux qui font le mal?

Cette dernière opinion nous semble la seule vraie, la seule propre à éviter des erreurs qui tôt ou tard le conduiraient au découragement. Le fait de s'approprier le bien d'autrui est bien plus dans la nature humaine qu'on ne pourrait le croire.

On se cherche des raisons et on trouve des sophismes et des subterfuges pour le légitimer. Quelquefois le vol, par ses conséquences imprévues, par l'importance du préjudice qu'il a causé, et surtout lorsque de crime contre la propriété il devient crime contre les personnes, le vol, disons-nous, peut dans ces cas inspirer des remords, mais il est fort rare qu'on se repente du vol en lui-même, si ce n'est pour la honte et le châtiment qu'il attire au voleur. Comme on parlait un jour de la nécessité de contenir les voleurs par les peines, nous avons entendu un homme, bon travailleur, honnête et très sympathique, dire : *Mais certainement, car sans cela nous volerions tous.* Ces paroles nous impressionnèrent profondément tant à cause de la personne que parce qu'elles coïncidaient avec nos observations personnelles.

Le visiteur ne doit donc pas s'attendre à trouver de vrais repentants parmi ceux qui se sont approprié le bien d'autrui.

Chez ceux qui se sont attaqués aux personnes on en trouvera quelques-uns chez qui l'injustice de la loi n'a pas étouffé la conscience sous le poids du malheur. Nous en avons vu quelques cas.

La douleur, dans une juste mesure, peut parfois contribuer à réveiller la conscience qui souvent l'égare et s'amoindrit quand la peine est excessive, comme si l'injustice subie légitimait le mal commis.

Si cela n'est pas raisonnable, il faut reconnaître néanmoins que c'est un fait. Sans regarder comme absolument impossible le vrai repentir, le visiteur devra chercher et même provoquer celui qui vient des conséquences du mal fait par le coupable, il devra montrer l'ignominie, suite de la condamnation et faire ressortir l'importance de la perte de la liberté et de tout ce qu'on perd avec elle, autant de biens qu'il est cependant possible, quoique difficile, de recouvrer par l'amendement.

Bien des gens ne croient point à cet amendement parce qu'ils le font synonyme de *transformation*. Si, pour se corriger, il faut se transformer il n'y a point de criminel corrigible, telle est la logique de cette erreur. Si le condamné est un être anormal en tout, pour le transformer en honnête homme il faut le changer du tout au tout, en faire un autre homme, ce qui n'est pas possible.

Ce qu'il faut vouloir, c'est qu'il redevienne le même homme qu'il était avant d'enfreindre les lois, presque égal ou même supérieur parfois, à tel autre qui n'a pas été condamné; mais un homme qui s'est trouvé dans des circonstances malheureuses qui ont contribué à vaincre sa vertu chancelante. Celle du plus grand nombre des hommes est-elle donc si solide qu'elle soit à l'abri de tous les hasards de la vie? Pour affirmer cela il faudrait bien peu connaître la misère morale et méconnaître le hasard qui, si fréquemment, fait un criminel d'un homme qui jusque là avait été bon et honnête.

Les transformations sont illusoires. Ce qui est possible, ce à quoi il faut aspirer c'est aux modifications. Etre tombé prédispose à tomber de nouveau, et, si la prison est corruptrice, si l'opinion publique repousse celui qui en sort, si la loi soupçonneuse le poursuit au lieu de le protéger, si toutes les circonstances dans lesquelles il a failli viennent à se reproduire, la récidive semble inévitable et fatale. Le visiteur doit combattre toutes ces causes de délit, il ne pourra pas les supprimer, mais il devra du moins s'efforcer de les diminuer et d'en neutraliser l'influence.

Le délit laisse après lui comme un mauvais levain que la peine peut parfois neutraliser, car l'homme tenté de récidiver est un homme déjà instruit des conséquences d'une faute.

Le visiteur en s'efforçant de consoler le prisonnier, en cherchant à lui trouver des ressources pour le jour de la libération, devra mettre bien en relief tout le mal causé au détenu par son délit et sans lui ôter l'espérance de recouvrer les avantages perdus, il devra lui en montrer toute la valeur.

S'il est exact que la chute prédispose à une nouvelle chute, il est non moins également vrai qu'il y a dans la vie des circonstances qui ne se reproduisent pas et des dispositions intérieures qui ne se retrouvent plus une seconde fois.

Pourquoi? Nul ne saurait le dire, mais le fait est constant qu'il y a des heures fatales où l'homme fait ce qu'il ne refera jamais pour peu qu'on l'aide ou même seulement qu'on cesse de le pousser au mal.

C'est le cas d'un grand nombre de prisonniers, dans une proportiom impossible à dire, parce que jusqu'à ce jour on n'a jamais employé les moyens pour le savoir et faciliter les recherches.

L'étude du coupable et des circonstances de la faute pourra faire voir si le délit commis constitue un état passager ou permanent. La tendance à devenir chronique est rare quand il s'agit de délits ou de crimes contre les personnes, elle est, au contraire, plus habituelle dans les attaques contre la propriété, soit parce qu'il est moins contraire à la nature humaine actuelle de s'emparer du bien d'autrui que de tuer ou blesser une personne, soit parce que le vice et le besoin peuvent être des occasions incessantes d'excitations, de telle sorte que les tentations se multiplient et que la conscience les repousse avec moins d'énergie. Si nous avons dit que chez bien des hommes, chez le plus grand nombre, peut-être, l'équilibre dans le bien est instable, nous ne croyons pas davantage que celui du mal soit stable. La facilité à tomber exciterait souvent également pour se relever sans les difficultés qu'y mettent la loi et l'opinion publique. Sans être ni optimiste, ni pessimiste, le visiteur ne doit voir dans le délit qu'un équilibre moral qui s'est rompu ; parce qu'il est instable chez l'homme en général ; mais qui peut se rétablir, parce qu'il y a peu de gens vivant dans l'équilibre stable du mal, s'ils n'y sont point maintenus par des coutumes perverses, de mauvaises lois et de mauvaises personnes qui les appliquent.

Il est évident que souvent il a fallu bien peu de chose pour faire pencher la balance du côté du mal ; pourquoi donc une circonstance quelconque ne pourrait-elle pas la faire pencher du côté de bien ? La nature de l'homme serait-elle double et obéirait-elle à des lois diverses suivant qu'il s'agit du bien ou du mal ? Non. Qu'il s'agisse du bien ou du mal, une même loi psychologique gouverne l'homme, et si son esprit n'est ni défectueux, ni malade, on peut poser des prémisses fausses, mais on ne saurait faire abstraction d'un enchaînement rationel des idées. S'il y a des cas où une faible impulsion a fait tomber, il peut s'en trouver d'autres où le plus léger appui suffise pour que celui qui est tombé puisse se relever.

Quant aux délits voisins du vice, qui en sont

conséquence et quelquefois tendent à devenir chroniques et le deviennent; si, au lieu de les combattre énergiquement, on les favorise dans des prisons corruptrices, si les attaques contre la propriété trouvent moins de résistance intérieure et plus de tentations extérieures, les attaques contre les personnes, sauf des monstruosités pathologiques sont, le plus souvent, la conséquence d'un état anormal et passager ; de sorte que si le criminel est une exception parmi les hommes, le crime (en tant que délit grave) est un état anormal chez le criminel.

La tendance à répéter un délit est en raison inverse de sa gravité, et la triste expérience de la peine, si celle-ci n'est pas dépravante, donne une juste espérance d'amendement.

Nous répétons qu'il ne s'agit que de l'honnèteté *légale* de celle de la majorité des hommes, et nous y insistons, parce qu'il y a des gens qui exigent des condamnés en liberté provisoire ou définitive des vertus dont manquent souvent ceux que la loi n'a pas flétris et quelquefois ceux même qui l'appliquent.

C'est la théorie de la *transformation* mise en pratique.

La transformation, illusoire chez les adultes, peut se réaliser chez les enfants, et les jeunes gens, non pas parce que la discipline les transforme, mais bien parce qu'ils se transforment eux-mêmes. C'est-à-dire que le délit étant la conséquence du manque d'équilibre dans des facultés qui n'étaient point encore dans leur plénitude, quand cet équilibre est atteint, l'ordre psychologique est régulier et le jeune homme est transformé, ou du moins paraît l'être, parce qu'il est complété. Si cette transformation n'est pas l'œuvre de la loi, la discipline y peut contribuer en favorisant le développement des bonnes impulsions et en combattant celui des mauvaises. Elle peut aussi la rendre impossible en plaçant l'adolescent dans une prison dépravante ou en lui laissant une liberté dont il abusera.

Chez les jeunes gens qui ont commis un délit, on peut espérer beaucoup du changement naturel : c'est une sorte de crise morale qui peut faire d'un garçon honnête, un coupable et d'un jeune coupable un homme honnête.

Bien que la transformation soit possible chez les enfants et les adolescents, il faut se garder de la considérer comme certaine. Il y en a dont le manque d'équilibre psychologique est définitif et qui grandiront sans changer. Chez certains criminels précoces, le visage imberbe et la voix enfantine ne doivent pas tromper le visiteur, en lui donnat l'espoir d'une régénération qui ne se produira point. Si les conditions de la prison sont favorables, et qu'il y reste le temps suffisant, c'est-à-dire longtemps, on pourra seulement obtenir l'honnêteté légale, comme chez le condamné corrigible qui offre les plus grandes difficultés pour l'amendement.

Quelles règles devra observer le visiteur pour

juger si un prisonnier qui n'est pas fou (1) est ou n'est pas corrigible ? Nous croyons que personne ne saurait lui en tracer sans témérité.

Et tant que l'expérience ne lui aura pas dicté sa conduite il ne doit considérer la correction ni comme facile ni comme impossible. Il doit garder son doute pour lui, pour que celui qu'il doit corriger ne le voie pas, car la foi et l'espérance du prisonnier sont fortifiées par celle du visiteur.

Mais dans ce doute raisonné et presque inévitable, la charité ne prononce par l'égoïste ; *Abstiens-toi.* Nous disons qu'en charité et même en justice, n'y eût-il dans toute une prison qu'un seul homme corrigible, comme on ne peut savoir quel est celui-là, il faut traiter tous les prisonniers comme étant susceptibles d'être corrigés, afin de ne pas blesser et décourager celui qui est corrigible.

Quand nous parlons de repentants, entendons-nous, par ce mot, une situation identique à tous les repentants, de telle sorte que, connaissant celle d'un prisonnier, on connaisse celle de tous? En principe, le repentir est toujours le regret du mal, uniquement parce qu'il est le mal, mais les degrés de ce regret varient à l'infini.

Dans certains cas il est si faible qu'il ne suffit pas pour préserver de nouvelles fautes; dans

---

(1) Il ne devrait jamais y avoir de fous dans les prisons ; malheureusement il y en a.

d'autres cas, il en est un préservatif assuré ; d'autres fois c'est un véritable remords cuisant, déchirant la vie, allant jusqu'à causer la mort.

Ceux qui jugent les délinquants d'après certaines règles qu'ils donnent comme générales, bien qu'elles ne le soient point, pourront peut-être qualifier d'illusoire cette assertion. Chez ceux qui ont commis des attentats contre les personnes, il y a un grand nombre de repentants qu'on n'arrive pas à reconnaître, parce que dans la plupart des prisons il n'y a personne pour les déterminer.

Comme notre opinion pourrait être qualifiée de *sensibilité féminine*, nous citerons à l'appui un auteur qui, par sa science, son expérience et sa réputation de circonspection et de prudence, semble se trouver à l'abri de tout soupçon d'une illusion quelconque.

Le docteur Baër dit : (1) « L'assertion que les
« condamnés ne se repentent pas et n'ont point
« de remords est fausse..... Ceux qui affirment
« cela manquent de l'expérience qu'on acquiert
« dans les relations journalières avec eux et étendent
« les caractères de quelques criminels monstrueux
« à la masse des détenus dont ils ignorent
« la vie assurément ; comme ils en méconnaissent
« les sentiments et la manière de penser.

(1) *Le délinquant considéré au point de vue anthropologique et sociologique,* par le Dr Baër.

« Je vois encore le visage d'une série d'homicides
« profondément affligés, tourmentés par les re-
« mords et que la phtisie délivra de leurs tortures
« après une réclusion relativement courte. J'ai
« vu aussi des assassins, et je me rappelle spécia-
« lement deux jeunes gens parricides qui ne don-
« naient pas le moindre signe de vrai repentir;
« mais c'étaient de véritables idiots qui n'auraient
« pas dû se trouver dans une prison.

« D'après Delbrück, les assassins contractent
« des maladies mentales assez fréquemment parce
« que, dit-il, la douleur d'avoir ôté la vie à un
« homme est ressentie (ce que j'ai pu constater moi-
« même) plus vivement que pour tout autre crime
« encore, bien que les criminels soient les plus cor-
« rompus des prisonniers. Souvent en remarquant
« les détenus abattus, concentrés, donnant des si-
« gnes évidents de repentir, j'ai appris que c'étaient
« des homicides ou des assassins.

« Les directeurs des prisons de Schück, Valen-
« tini, Strenglsee ont fait les mêmes remarques. »

Comment reconnaître les vrais repentants? Il est plus facile de faire la question que d'y répondre; parce que, si le champ du véritable repentir est relativement limité, celui de l'hypocrisie est fort vaste.

Nous avons vu certaines règles générales, qui ne nous semblent pas exactes, pour qualifier de non repentants ceux qui le sont ou qui peuvent l'être. Nous disons *qui peuvent l'être* parce que dans les premiers moments, les premières heures, les premiers jours après la perpétration du délit ou du crime, il pourra y avoir des motifs pour ne pas regretter le mal fait ou pour ne pas manifester ce regret, encore bien que le malfaiteur soit capable de repentir.

La sévérité, la dureté, la cruauté même avec lesquelles quelquefois on traite le coupable provoquent chez lui des manifestations hautaines ou rebelles. La crainte de paraître faible et ridicule lui inspire l'idée de se donner les apparences d'une valeur qui semble du cynisme ou de l'insensibilité.

L'instinct de la conservation de la vie, celui de l'épargner, une douleur font nier ou excuser le mal accompli.

Le changement de l'état de liberté en état de détention, des alternatives de crainte et d'espérance, tant d'émotions diverses doivent produire une agitation perturbatrice de la conscience.

En outre, dans l'esprit entraîné par l'impulsion délictueuse, il y a une sorte d'excitation qui ne s'éteint pas lorsque la force publique arrête le coupable; son corps est attaché, enfermé, enchaîné, mais la passion indomptée ou l'instinct féroce qui l'ont poussé au délit rugit encore dans son âme. Quand il s'apaise, la lumière de la raison pénètre dans ces ténèbres, l'homme moral reparaît, mais il varie suivant sa manière d'être.

La réaction de la conscience est instantanée et

l'homicide se tue ou reste comme anéanti sur le sol et se laisse emmener par la force publique comme une chose inerte. Il se livre à l'autorité ou fuit et ne revient que poursuivi par les remords, ou bien il n'en a, qu'après que s'est écoulé un temps nécessaire pour calmer le tumulte de sa concupiscence, de sa haine ou de ses colères.

D'autres fois, le remords suit la faute, mais avec le temps il s'use, peut s'engourdir dans l'habitude de la souffrance et finir même par disparaître. Cela se produira surtout si la prison corruptrice, la dureté et l'injustice avec lesquelles on traite le détenu justifient à ses yeux sa propre dureté, sa propre injustice et diminuent sa sensibilité. En tous cas, de ce qu'un criminel n'a pas immédiatement de remords, il ne faut pas en conclure qu'il n'est point capable d'en avoir et, alors qu'il n'en aurait pas même longtemps après avoir commis sa faute, on ne saurait jamais assurer qu'il n'en ressentira pas quelque jour. Le repentir, dans ce que nous pourrions appeler ses degrés minimes, n'est pas difficile à simuler si l'hypocrite est habile, mais il faut qu'il le soit beaucoup pour qu'on ne parvienne pas à découvrir sa ruse si on lui demande des preuves de repentir qui soient pour lui des sacrifices, comme par exemple d'indemniser, autant que possible, ceux auxquels il a causé un préjudice par son délit.

Il y a amendement *légal* sans repentir, et repentir à degré minime qui cause peu de remords et ne conduit pas à l'amendement; mais en général, celui qui se repent est dans la voie de l'amendement, et le regret d'avoir mal agi est un puissant secours pour ramener à la pratique du bien. Lorsque le regret s'accentue, qu'il devient une véritable torture, il nous semble impossible qu'on puisse le simuler. Le sommeil est léger et troublé.

Rebosillas parle d'un parricide qui, d'après ses compagnons, ne dormait jamais. Il entra dans son dortoir bien des nuits, à des heures différentes et le trouva toujours éveillé. Il devait cependant dormir quelque peu, sans quoi il n'aurait pu vivre; mais son sommeil devait être léger, comme il arrive à tous ceux qui sont tourmentés par leur conscience (1). Delbrück, croyons-nous, a raison de considérer comme un signe de remords ce fait que le condamné est abattu et concentré. Nous n'oublierons jamais une femme condamnée comme ayant été l'instigatrice, on disait même le chef, d'une bande de voleurs et d'assassins. Faute de preuves, peut-être, elle ne fut condamnée qu'à quelques années de prison; mais sa conscience était plus sévère que ne l'avaient été les juges, et rendue à elle-même, abattue, elle semblait succom-

(1) Ce parricide, que certainement les remords tourmentaient, avait cependant, immédiatement après son horrible crime, montré une assurance qui paraissait indiquer un manque absolu de conscience. Or, on voit qu'il n'en était rien.

ber sous un poids supérieur à ses forces et comme écouter des voix intérieures qui ne lui permettaient pas de percevoir les bruits extérieurs. On peut dire qu'elle n'acceptait ni ne refusait les secours matériels qu'on lui offrait et les paroles affectueuses qu'on lui adressait. Elle semblait exprimer une sorte d'étonnement que quelqu'un pût encore s'intéresser à elle et qu'on s'imaginât qu'elle pût mettre à profit un service ou une consolation. Elle tomba malade et mourut bientôt. Elle ne se plaignait pas, quoique devant beaucoup souffrir. Elle trouvait quelque soulagement à rester debout, et comme elle ne pouvait s'y tenir, ses compagnes l'aidaient à se relever. Elles le faisaient avec une charité qu'on ne trouve pas toujours chez les honnêtes gens. Comme elle était moribonde, quelqu'un lui mouilla ses lèvres brulantes de fièvre en lui demandant si elle souffrait beaucoup. *Je mérite de souffrir encore davantage*, répondit-elle avec un accent qui pénétra jusqu'au fond du cœur ceux qui l'entendirent et leur tira des larmes qui étaient une absolution.

Quand on rencontre des repentirs sérieux il ne faut pas s'occuper de l'amendement, ils le portent avec eux. Il ne faut pas y voir un coupable à corriger, mais bien un malheureux, très malheureux à consoler; dans ce cas, ce n'est pas la récidive qu'il faut craindre, c'est la maladie ou la mort, la folie ou le suicide.

CHAPITRE XI

Chose ou personne

Dans toute collectivité qui n'inspire ni amour, ni respect, ni crainte, ni compassion, les individus sont exposés à ne pas être traités comme des personnes. Si déjà dans l'hôpital on donne l'ordre de mettre des sinapismes au *numéro tant*; si dans l'armée on prend *quatre numéros* pour faire tel service déterminé; si ces manières de s'exprimer sont l'expression fidèle de considérer les parties d'un tout qui souffre ou qui représente la force, d'un tout dans lequel on ne voit que des sujets médicaux ou des porte-fusils, il est encore bien plus à craindre que la collectivité des délinquants ne soit considérée comme une masse. Et si ces individus sont privés de leur liberté, de leurs droits civils et politiques, assujettis chaque jour et à toute heure du jour à une règle spéciale et rigoureuse, avilis par la faute et la condamnation dans l'esprit public; si on ne les considère plus comme des citoyens; ceux qui sont chargés de leur surveillance doivent naturellement pencher à ne plus les considérer comme des personnes. L'hôpital où ne se trouvera personne de charitable est démoralisateur : mais il ne démoralisera pas le malade qui n'y reste que peu de temps.

La caserne est démoralisatrice aussi, parce qu'en y entrant la personne disparaît et qu'il ne reste plus que le soldat.

Elle le sera d'autant plus que dans la discipline, il y aura plus d'arbitraire et de dureté. Mais cependant, le soldat n'est pas toujours à la caserne et quand il en sort il recouvre, en partie, sa personnalité ; il est libre jusqu'à un certain point, l'opinion le respecte, il a des relations d'amour et d'amitié, toute une atmosphère vivifiante qui assainit celle qui est viciée par la servitude. Cependant la soldatesque effrénée est comme les chaînons d'une chaîne brisée dont les maillons sont aiguisés par les mauvais instincts. On connaît les terribles réactions de l'esclavage et le langage en a conservé des traces, puisque, pour exprimer la fureur des passions indomptées on dit encore qu'elles sont *déchaînées*.

L'esclavage de la prison n'a pas d'intermittence comme celui de la caserne, le prisonnier est toujours un numéro, on ne lui demande pas ce qu'il pense ou ce qu'il veut ; on lui commande ce qu'il doit faire, suivant une règle inflexible également appliquée à tous. Pour le vêtement ou la chaussure il y a généralement trois mesures, pour l'esprit il n'y en a qu'une à laquelle il faut se conformer, qu'elle soit large ou étroite.

Plus l'obéissance est passive, meilleure elle est, c'est l'idéal en prison comme dans le cloître. Si en paroles ou en action ils disent à leurs supérieurs : *Fiat mihi secundum verbum tuum* ils sont des religieux exemplaires ou des délinquants repentants, ou du moins ils le paraissent ainsi, à ceux qui ne soupçonnent pas le mal caché sous la faiblesse humiliée ou sous l'hypocrisie raisonnée.

Il nous semble utile de répéter ici ce que nous disions au Congrès pénitentiaire international de Rome :

« L'homme n'est homme au point de vue moral
« que par l'exercice conscient de sa volonté. Celle
« du délinquant, qui a dépassé les limites permises,
« doit se voir réduite à une sphère d'action très
« limitée. Mais faut-il en déduire qu'on ne doive
« lui laisser aucune action libre, et que, pour un
« temps quelquefois très long, sa volonté doit être
« considérée comme si elle n'existait plus?

« Tous les jours on dira au détenu : *Vous devez*
« *faire ceci ou cela* et on ne lui demandera jamais:
« *Voulez-vous le faire?* Une telle discipline le
« rabaisse, il ne s'élevera pas à ses propres yeux
« et ne pourra jamais se prendre pour une *indivi-*
« *dualité* réelle, s'il ne peut faire quelquefois quel-
« que chose qu'il *veuille*.

« Il est évident qu'on ne peut lui accorder que

« fort peu de ce qu'il désire il le sait aussi et ne de-
« mandera pas l'impossible. A moins d'être fou il ne
« demandera pas qu'on le laisse se promener par la
« ville ou dans les champs ; il ne se livrera pas dans
« la prison à des actes d'inconduite ; il n'interrom-
« pra pas par des chants et des cris le silence de la
« prison, etc., etc. Mais, il est nécessaire de cher-
« cher dans les limites du règlement, en fixant ces
« limites, un moyen qui mette en harmonie les exi-
« gences de la prison avec celles de la nature et
« qu'on arrive, même dans l'inévitable captivité, à
« laisser au captif quelques mouvements libres.
« Dans les ordres monastiques, bien que l'abdica-
« tion de la volonté soit volontaire et que l'on digni-
« fie l'obéissance par l'idée que c'est un mandat
« divin, bien que cette passivité se neutralise quel-
« que peu par l'élévation de l'âme vers l'Eternel et
« l'Infini, on peut néanmoins observer encore les
« désordres moraux qui résultent de la suppression
« de la volonté, désordres qui se traduisent par
« l'atrophie des caractères. »

« En outre, et on doit insister sur ce point,
« l'abdication de la volonté du religieux est pour
« toute la vie.

« La règle et l'autorité, qui jusqu'à un certain
« point l'affaiblissent, le soutiennent d'un autre ;
« tandis que la volonté du condamné n'est passive
« que pendant la durée de la condamnation.

« Celle-ci terminée, cette volonté qu'on ne con-

« sulte point, dont on ne tient aucun compte pen-
« dant la détention, devra reprendre ses fonctions.
« Or, affaiblie par l'inaction, elle aura à vaincre de
« grands obstacles. Comme le détenu au moment
« de sa libération, passera de l'esclavage à la pos-
« sibilité de commander, il est à craindre que sa
« volonté devienne capricieuse et violente comme
« c'est le fait des faibles.

« Les moyens de laisser aux condamnés tout
« l'exercice *possible* de leur volonté varieront sui-
« vant le climat, la race, l'état social et le système
« pénitentiaire d'un peuple; mais, le principe une
« fois admis, on trouvera la manière de le réaliser
« en changeant les formes suivant les circonstan-
« ces. Il s'agit de conserver à la volonté toute l'éner-
« gie possible, c'est le ressort essentiel de la vie de
« l'homme, de sa personnalité, de sa dignité.

« Dès lors, on doit donner autant que possible,
« au détenu, l'occasion de dire : Je veux, sans pour
« cela manquer à la règle.

« De cette manière, il s'habituera à vouloir des
« choses raisonnables et à voir sa volonté (juste)
« respectée par ceux-là même qui lui comman-
« dent. »

Aux hommes en liberté, il ne faut commander que le nécessaire, il en est de même pour les prisonniers.

Pour ceux-ci on comprend que le nécessaire soit plus étendu, mais on devrait faire une étude de l'ind'ispensable et ne point aller au delà. On remarquera du reste que celui qui commande bien commande peu, et que ceux qui commandent mal commandent beaucoup.

Le libéré vient-il à sortir de prison avec un pécule passable, avec une perfection relative dans un métier quelconque? A-t-il reçu quelqu'instruction? Comment y est-il parvenu? En exerçant ses membres et ses facultés. Serait-on parvenu à lui apprendre à confectionner des souliers en lui attachant les mains, et l'arithmétique en lui défendant de réfléchir? Si aucune faculté ne se perfectionne, si on n'en retire aucune utilité sans l'exercer, comment celle dont a le plus besoin le détenu, quand il cessera de l'être, *la volonté*, sera-t-elle forte si, pendant longtemps, elle est restée dans l'inaction et comprimée par une autorité arbitraire?

Pour que le détenu, une fois libre, ne récidive pas, lui suffira-t-il d'être habile dans un métier et de savoir qu'il doit travailler s'il ne *veut* point résister avec énergie aux tentations de l'oisiveté et à tant d'autres encore qui le guettent à la sortie de prison. S'il a été passif, si on ne l'y a pas considéré comme une personne mais comme une chose, il retombera dans l'abîme pénal. Nous croyons donc qu'en faisant les règlements, en les appliquant et en visitant les prisonniers, on devrait faire en sorte :

De ne commander au détenu que le strict nécessaire.

De lui donner à choisir dans tout ce qui est possible, afin de lui permettre l'exercice raisonnable de sa volonté.

De ne point faire de la prison un monde à part, isolé de la patrie et de l'humanité, et du prisonnier un être qui n'est point une personne et ne participe en rien à la vie sociale.

Les règlements ont un véritable luxe d'autorité pour quiconque les étudie et les considère comme une règle dont le but est d'établir l'ordre *matériel* et *moral*. Voyez, par exemple, comment on règle l'emploi du temps, le dimanche, dans les prisons d'un des peuples qui marche en tête de la civilisation :

6 h. 1/2. . . Lever.
7 h. . . . . . Descente du dortoir, défilé pour la chapelle.
7 h. 1/2. . . Grand'messe.
9 h. . . . . . Réfectoire, déjeûner.
9 h. 1/2. . . Propreté, promenade.
10 h. . . . . Défilé pour la chapelle.
10 h. 1/4 . . Instruction religieuse par l'aumônier.
11 h. . . . . Lecture personnelle en se promenant.
12 h. . . . . Goûter.
12 h. 1/2. . Leçon de chant.
1 h. 1/2. . . Lecture personnelle.
2 h. 1/4. . . Défilé pour les vêpres.
2 h. 1/2. . . Vêpres chantées.
3 h. 1/2. . . Réfectoire, dîner.
4 h. . . . . . Promenade.
4 h. 1/2 . . . Exercice des pompes d'incendie pour les hommes.

5 h. 1/4 . . . Lecture publique avec explication pour les femmes.
6 h. 1/4 . . . Cathéchisme avec récitation.
6 h. 1/2 . . . Promenade.
7 h. . . . . . . Défilé du coucher.
8 h. . . . . . . Fermeture.

Ces pénibles mouvements continuels dans lesquels on donne au détenu une demi-heure pour faire sa toilette et pour se promener, dans lesquels, après le déjeuner, on le fait chanter et on l'oblige à lire en se promenant, etc., etc., tout cela est bien loin de ce dimanche que nous voudrions voir employer principalement à épurer le goût et à exercer raisonnablement la volonté (1). En treize heures, vingt-deux changements de place et d'occupation, des mouvements incessants et forcés, plus propres à être imprimés aux rouages d'une machine qu'à une collectivité d'êtres raisonnables.

Les traite-t-on aussi par raillerie ou par cruauté? Nullement. On n'entend point les tourner en ridicule, ni les mortifier, mais on supprime leur personnalité, ce sont des choses qui tournent pendant treize heures autour d'un règlement.

En voulant que le dimanche soit employé principalement à épurer le goût, ce n'est point méconnaître l'importance des pratiques religieuses, mais bien indiquer qu'elles doivent être volontaires pour

(1) Rapport au *Congrès international pénitentiaire de Rome*.

8

ne pas exciter des révoltes intérieures et pour que l'hypocrisie ne se substitue point à la vraie piété. Les dispositions règlementaires doivent être non seulement raisonnables, mais encore raisonnées, afin d'en faire bien comprendre la nécessité, contre laquelle nulle collectivité ne se révolte, à moins d'être offusquée ou entraînée par quelque passion.

Un directeur de prison devrait appliquer le règlement et le faire accepter raisonnablement et moralement ; ce qui ne serait pas difficile, au moins relativement, du plus grand nombre des détenus et on obtiendrait la soumission de l'esprit qui ne dégrade point et qui est plus sûre que la soumission matérielle.

On ne pourra jamais faire abstraction de cette dernière, mais, étant raisonnée, elle finirait par être acceptée comme une épreuve qui exerce la volonté et non comme une massue qui la broie.

Les réglements devraient avoir assez d'élasticité pour laisser au choix du détenu et à la manifestation de la personnalité tous les actes qui sont compatibles avec l'ordre. Bien des actes qui semblent insignifiants, et qui le sont en effet pour celui qui jouit de la liberté, prennent une grande valeur pour celui qui en est privé, et les employés d'une prison, au lieu d'appliquer mécaniquement des articles de règlement, devraient être les interprètes d'une idée, celle de conserver chez le détenu sa personnalité.

L'isolement matériel et inévitable dans lequel

se trouve le détenu ne doit pas entraîner comme conséquence la séquestration morale et intellectuelle qu'on lui impose. L'abbé de Hombourg s'en plaignait au Congrès de Rome et disait : « Au-
« jourd'hui la publicité des évènements quotidiens
« est un élément incontesté de la vie ordinaire.
« Tout le monde lit les journaux. La conversation
« des gens civilisés ne porte pas seulement sur
« les faits et accidents qui frappent leurs yeux,
« l'attention du public a pour horizon l'univers
« entier et tout esprit un peu cultivé met en pra-
« tique journellement et jusque dans des détails de
« minime importance l'adage antique : *Nihil huma-*
« *num a me alienum puto.* C'est un fait qui est deve-
« nu un droit. Pourquoi les détenus seraient-ils iso-
« lés du mouvement général ? Pourquoi, sortant au
« bout de quelques mois ou de quelques années, de
« la séquestration pénitentiaire, seraient-ils jetés
« dans le courant de la société sans avoir la
« moindre notion des évènements marquants con-
« nus de tous ceux qui les entourent ? Cette igno-
« rance honteuse, inexplicable, est une preuve
« palpable de leur passé judiciaire.

« A chaque instant ils se heurtent devant une
« anomalie intellectuelle, et, jusqu'à leur attitude
« embarrassée, tout est un indice irrécusable de
« leurs malheurs et de leurs fautes. Créons la
« *Revue pénitentiaire.* Que chaque dimanche le
« prévenu et le détenu qui n'ont pas commis de

« manquement grave à la discipline soient traités
« comme des citoyens actifs qu'ils sont et appren-
« nent les nouvelles les plus intéressantes de la
« politique générale, de la politique nationale.
« Les récits des accidents graves exciteront leur
« pitié, les actes de vertu, de courage et de dé-
« vouement leur montreront que la société ne se
« compose pas seulement d'êtres égoïstes et pas-
« sionnés. Les arrestations de criminels qui, mal-
« gré leurs ruses, sont tombés sous la main de la
« justice, prouveront qu'il existe une providence
« vengeresse pour déjouer les calculs des scélé-
« rats. Des articles plus étendus parleront de pré-
« servation, de patronage, de sauvetage, feront
« la biographie des bienfaiteurs de l'humanité.

« Bref, ce sera pour chaque esprit, pour chaque
« cœur la morale en action. »

Ainsi s'exprimait, non un théoricien de ceux qu'on qualifie généralement d'utopistes, mais bien un homme pratique, pieux, instruit et qui a plus appris dans les prisons que dans les livres (1).

L'idée d'un journal pour les détenus nous est venue à la pensée en même temps qu'à lui, et, ce qui vaut encore mieux, c'est qu'elle a été sanctionnée par la grande autorité d'Holzendorff.

Les défenseurs de cette idée étant morts, elle

---

(1) M. l'abbé de Hombourg a été longtemps et est mort aumônier de la prison de St-Lazare, à Paris.

est restée aujourd'hui comme orpheline et abandonnée ; mais nous croyons fermement qu'elle ne restera pas toujours ainsi dans l'abandon et que l'avenir lui réserve d'illustres et généreux protecteurs. Il y a aux Etats-Unis une prison où les détenus rédigent et inspirent un journal. Nous n'en avons vu aucun numéro et le texte n'en est peut-être pas convenable. Cependant la collaboration de condamnés, bien dirigée, pourrait amener d'heureux résultats, comme distraction honnête, comme stimulant pour apprendre et comme satisfaction d'amour-propre qui contribuerait à relever la dignité et effacer la pensée de séquestration intellectuelle.

Et quand nous disons collaboration, nous n'entendons pas seulement la part qu'y pourraient prendre les détenus en écrivant, mais encore en donnant des nouvelles propres à devenir des leçons parmi celles que renferme l'histoire de leur vie et de bien des existences qu'ils connaissent et que le monde ignore.

Les communications avec l'extérieur que peuvent avoir actuellement les prisonniers leur servent le plus souvent à se mettre en relation avec des gens de mauvaise conduite dont ils veulent se faire des complices pour les futurs méfaits qu'ils méditent.

Isolement complet ou communications dépravantes, telle est l'alternative dans la plupart des prisons. Le visiteur par ses visites contribuera à ce que le détenu ne se sente pas isolé et cesse de communiquer avec les complices de ses mauvais desseins.

L'homme est expansif et actif.

Quand on ne veut pas tenir compte de ce fait, la personnalité qu'on veut supprimer pousse extravagante et désordonnée ; elle cherche à s'associer avec ceux qui ne la repoussent point quoiqu'ils soient des pervers. Laissez-la donc au moins choisir parmi les honnêtes gens qui ne la méconnaissent pas (1). Que celui qui, pendant plus ou moins de temps, a cessé d'être citoyen ne cesse jamais d'être un homme. Qu'il connaisse les choses humaines et qu'il y prenne intérêt. Elles lui feront probablement plus d'impression au fond de sa triste solitude qu'au milieu du bruit du monde. Il ne peut plus figurer sur la liste

---

(1) Quand l'oisiveté se combine avec l'arbitraire, cela donne lieu dans les prisons à des crimes, à des extravagances, à des aberrations qu'il est impossible d'éviter, quelquefois même de soupçonner.

Un employé de prisons poursuivait le jeu dans le pénitencier de la Carogne (Espagne). Les prisonniers continuaient à jouer, non aux jeux prohibés, mais à d'autres qu'ils inventaient. Alors que ce fonctionnaire pensait qu'ils ne pouvaient plus en inventer, qu'il ne les reconnût, un jour que les prisonniers se reposaient au soleil dans la cour, il s'aperçut avec sa perspicacité de vieux limier, que cependant on jouait. A quoi et comment ? Il ne put le deviner. Les prisonniers n'avaient rien qui pût leur servir à jouer.

Ils ne remuaient ni corps ni pieds ni mains et restaient au contraire presqu'immobiles.

Certain qu'ils jouaient, mais sans pouvoir deviner à quoi, il prit le parti de se retirer. Le lendemain il prit à part

des électeurs, mais il le peut sur celles des abonnés d'une publication utile ou qui contribuent à une œuvre patriotique ou charitable ; que du moins on ne supprime pas son activité intellectuelle, morale et affective ; qu'il sente, qu'il apprécie qu'il est une personnalité et qu'on le traite comme une personne.

S'il y a encore chez lui quelque partie saine, qu'il puisse fraterniser en certains points avec la société honnête et qu'il ne soit point repoussé de la communion des bons. Indépendamment de ce que le délinquant est, au point de vue moral, un faible, il y a parmi les prisonniers un grand nombre d'entre eux, qui ont toutes les faiblesses physiques, morales, de caractère et d'intelligence. Si ce nombre malheureusement trop grand est traité comme une masse indistincte, si la volonté de ces malheureux, au lieu d'être soumise au régime tonique dont elle a besoin, est soumise au régime

un condamné qui le lui apprit, en confidence sous la promesse de ne pas être dénoncé. Les instruments du jeu étaient tout simplement les mouches, qui au soleil, venaient se poser sur eux et suivant qu'elles étaient en nombre pair ou impair on gagnait ou on perdait.

Nous tenons cette anecdote de M. Dominique Camini, l'un des hommes les meilleurs et les plus malheureux que nous ayons connus. L'administration fut injuste envers lui ; les prisonniers, au contraire, lui rendaient justice et l'aimaient.

Ceux qui ont connu ses rares qualités ont regretté ses malheurs et nous ne l'avons pas oublié.

énervant d'une autorité qui n'en fait aucun cas, l'annihile et la détruit, l'homme entré dans la prison *personne* en sortira *chose*.

Tous ceux qui ont observé cette classe de détenus connaissent leur manque d'aptitude à se bien diriger dans le chemin de la vie si pénible, si difficile pour eux. Ce sont des esprits qui avaient besoin de réconfortants et d'exercice, qu'on soumet à un régime qui les rend anémiques.

Que le visiteur au moins fasse tous ses efforts pour fortifier et sauver la personnalité du détenu eu égard à sa situation individuelle, en facilitant l'exercice raisonnable de sa volonté, en le consultant et en mettant bien en relief, que lorsqu'elle ne s'égare pas, elle est aussi respectable que celle d'un autre homme ; qu'enfin, par elle, il peut se réhabiliter et vivre en paix avec la société.

CHAPITRE XII

Passé, — Présent, — Avenir du prisonnier.

Les hommes, en grande majorité du moins, songent peu au passé ou à l'avenir et vivent dans le présent. Nous sommes loin de leur en faire un reproche aussi sévère que celui qu'adressent certaines personnes à l'humanité et surtout aux pauvres : celui d'imprévoyance insensée. L'auteur de l'*Imitation de Jésus-Christ* dit *Qu'à chaque jour suffit sa peine*. Celui qui a dit cela connaissait bien l'homme et la vie; car si le vif souvenir des douleurs passées et le pressentiment de celles qui arriveront s'accumulaient à un même moment de l'existence, l'homme manquerait de force pour tant de malheurs.

La vie la plus heureuse ne se termine-t-elle pas par la vieillesse avec tous ses ennuis, ses infirmités, ses maladies et la mort au milieu des tombeaux de ceux qu'on a aimés ? Et si cela arrive aux privilégiés de la fortune, que sera-ce donc pour ceux qu'elle abandonne, qui ne peuvent se souvenir que d'une enfance malheureuse, qui ne peuvent prévoir qu'une vieillesse misérable !

Comme pour la plupart des gens, prévoir n'est pas remédier même aux maux remédiables, si à cela s'ajoutent les maux irrémédiables, il en résulte que l'imprévoyance n'est pas une si mauvaise chose qu'on le croit et que *à chaque jour suffit sa peine* (le jour de vingt-quatre heures bien entendu).

Mais la peine du jour peut être si grande que dans ce cas prévoir ne soit plus *craindre* mais *espérer*. C'est ce qui arrive au prisonnier pour qui l'avenir c'est la liberté, qui cherche à se consoler en oubliant le passé et en faisant abstraction du présent, autant que cela lui est possible. Cette tendance de tout être qui souffre et à laquelle le prisonnier n'échappe pas, a pour lui ses inconvénients particuliers. Quand le passé c'est le malheur, il est bon de l'oublier ; mais, quand ce passé c'est la *faute*, il faut se la rappeler pour ne pas la recommencer.

Il faut au visiteur beaucoup de tact pour arriver à ce que, indirectement (jamais directement), il amène le détenu à ne pas oublier ce qu'il lui faut se rappeler. Faute malheureuse ou malheur coupable (qu'on ait sur ce point telle idée qu'on voudra), il a quelque chose dans sa vie dont il lui importe de se souvenir, et comme ce souvenir le mortifie, il le fuit. Si ce n'est pas là du remords, c'est déjà l'apaisement de l'accès perturbateur. La rage de n'avoir pas atteint son but, la rancune contre les personnes qui ont contribué à sa perte, la colère de voir que ses complices n'en souffrent point, le souvenir des soucis de la fuite, l'humiliation de s'être laissé prendre, les alternatives d'espoir et de crainte pendant le procès : tout cela forme un ensemble de douloureux souvenirs que le prisonnier s'efforce tout naturellement d'oublier. Comment les lui rappeler ? Jamais directement, nous l'avons déjà dit.

Le prisonnier a un passé coupable et un autre qui ne l'est pas. Sur ce dernier le visiteur peut insister en demandant des détails, en faisant des questions qui ne paraîtront point indiscrètes puisqu'elles ne se rapporteront point à la faute, mais qu'elles contribueront peut-être à la mettre en relief et à la rappeler avec tous les maux qu'elle a causés.

Ce que le prisonnier faisait quand il jouissait de cette liberté qu'il a perdue : les jeux de son enfance, les divertissements de son adolescence, l'histoire de ses parents, de ses frères, de ses amis que la fortune prospère ou contraire n'a point écartés des voies de la justice ; le souvenir de ce qui s'est passé pendant les années qu'il a vécu en paix avec la société et avec sa conscience peuvent, par le contraste, en rafraîchir d'autres, qu'il ne lui faut pas oublier. Souvent le prisonnier parle de sa faute soit pour la nier ou la défigurer soit pour l'avouer sincèrement. La réprobation du visiteur doit n'avoir rien d'aigre et rester pitoyable.

Ce qu'il entend ne l'irrite pas mais l'afflige, et un

comment avez-vous pu faire cela? dit avec tristesse et douceur est le plus grand reproche qu'il puisse formuler, reproche qui souvent pénètrera très profondément dans l'esprit du coupable et sera l'occasion d'explications qui lui apprendront beaucoup de choses et l'étonneront encore plus. L'avenir promet la liberté au détenu : y penser est une consolation et on doit faire en sorte qu'il persiste dans cette pensée et par elle fortifier son esprit, en lui présentant le côté agréable de sa vie future, tout en négligeant les ombres parfois très obscures qu'il peut y avoir dans ce tableau. Il faut le préparer pour les épreuves de la liberté, mais sans en parler et sans troubler les douceurs de l'espérance. Il faut que sa main apprenne à travailler, que son intelligence s'enrichisse, que sa volonté se rectifie et il possèdera alors la préparation nécessaire pour franchir les obstacles qu'il rencontrera, en recouvrant la liberté, sans qu'on l'ait découragé ou affligé en les lui montrant dans la prison. S'il les aperçoit de lui-même, il faut les lui atténuer en lui promettant un appui qui ne lui manquera pas.

Il ne faut jamais perdre de vue que le détenu est un faible, au point de vue moral, qu'il a besoin de réconfortants et que tout ce qui déprime est nuisible au plus haut degré.

Les plans agréables de vie future peuvent et doivent naturellement renfermer les leçons qu'ils portent avec eux, sans paraître vouloir les donner.

Travail, amusements, joies de la famille à

retrouver ou à former, estime et appui de personnes bienfaisantes, éloignement de tout ce qui peut nuire ou causer préjudice ; enfin, tout ce qu'on lui indiquera comme *à faire* devra être absolument tout ce qu'il *devra faire*.

Il ne faut pas exagérer les souvenirs du passé et les consolations de l'avenir au point d'oublier tout le pouvoir de la réalité du présent. Si ce présent est douloureux, la prétention de le passer sous silence en l'entourant d'histoires du passé ou de rêves d'avenir, aura le plus mauvais effet.

Il faut laisser à la douleur la part qui lui revient et le moins qu'on puisse demander c'est d'en reconnaître l'existence avec toute sa gravité. Si la douleur fait entendre ses plaintes, on cherchera à la consoler par la compassion ; si elle s'épuise dans la fatigue de la souffrance, il faut tourner l'esprit vers le passé ou vers l'avenir ; mais cette façon de fuir la réalité c'est celui que la réalité étreint qui doit l'indiquer, cette indication c'est une observation attentive qui la donnera.

Celui qui n'attend pas le moment opportun pour distraire le prisonnier de ce qu'il est pour le faire songer à ce qu'il a été ou sera, s'expose à l'irriter ou à le contrister. Une espérance futile lui semblera une raillerie ou bien il souffrira de ce que l'infortunée Desdémone regardait comme la plus grande des douleurs : *Ricordar il tempo felice nella miseria.*

CHAPITRE XIII

La famille et les amis du prisonnier

Le détenu peut avoir une famille honnête qu'il afflige ou une famille dépravée qui a contribué directement ou indirectement à ses fautes. Il peut avoir des amis honnêtes dont il n'a pas écouté les conseils, ou des amis pervers complices légalement ou moralement de ses méfaits. Si les relations avec ces derniers ne peuvent pas toujours être évitées, l'obstacle sera tout de fait, mais il ne produira pas de conflit moral. On parle de l'ami pervers sans difficulté, sans égard ; on l'écarte comme un foyer de virus contagieux, mais lorsque le péril de contagion vient d'un père, d'une mère ?

En disant *conflit* nous n'exagérons rien. C'est à peine si on trouve des mots ou des façons de s'exprimer pour accuser, devant un fils, une mère qu'il aime et dont il est aimé, parce que quelquefois l'amour des parents et des enfants existe dans des cœurs qui ne paraissent susceptibles d'aucun sentiment doux. Le père, complice d'un assassin, meurt deux jours après avoir appris que son fils a été condamné à mort, et celui-ci, prêt à monter sur l'échafaud, appelle le juge qui avait signé la sentence, et lui recommande, avec insistance, un fils naturel, qui reste sans appui, dit-il, parce que la mère est méchante et l'abandonnera (1).

Il y a des pères, qui, par leurs exemples, par leurs conseils, pervertissent leurs fils et les exploitent, utilisant les produits de leurs délits dont ils sont complices moralement et matériellement, et cependant, quelqu'invraisemblable que cela paraisse, ils aiment et aiment véritablement ceux qu'ils ont contribué à perdre. Quelquefois une femme perverse est une mère aimante et dans une atmosphère infecte de vice et de méchanceté, l'amour maternel se conserve pur comme une fleur qui pousse sur un tas de fumier. Si cet amour vaut

---

(1) Historique. Ce même assassin pria le juge de faire enlever de la table un canif avec lequel le greffier taillait sa plume parce qu'il se sentait poussé à le prendre pour le blesser ou le tuer. Un nouveau crime ne pouvait entraîner, pour lui, une peine plus grande puisqu'il était condamné à mort et il était bien convaincu qu'il serait exécuté, comme, du reste, il le fut en effet. Il y a de cela environ un demi siècle ; mais les criminels d'aujourd'hui, comme ceux de ce temps, ne sont pas toujours aussi mauvais qu'ils le paraissent, et ils peuvent avoir, et ont parfois quelque chose et même beaucoup d'humain.

tant pour tous les hommes, combien ne vaudra-t-il pas pour le détenu qui se voit détesté ou méprisé de tout le monde, et dont les affections qu'il conserve doivent nécessairement se réfugier chez les personnes de sa famille qui l'aiment. Dans un grand nombre de cas la famille, moralement parlant, n'existe plus ; le vice et le crime l'ont dissoute ; mais, dans d'autres, elle survit.

Les parents n'ont point de remords d'avoir contribué à perdre leurs enfants, pas plus que ceux-ci ne les accusent d'être la cause de leur perte. Il semblerait qu'ils se considèrent tous comme les vaincus d'un combat qu'ils ne pouvaient se dispenser d'accepter et après lequel les uns sont fugitifs, les autres morts ou prisonniers.

On s'en prend au juge, au greffier, aux témoins, à la loi, à la police, mais jamais aux mauvais conseils et aux mauvais exemples de la famille. Tous les membres de cette famille forment comme un seul être en lutte avec la société, qui en disperse matériellement les membres, mais ne rompt point les liens de leur mutuelle affection.

Ces liens qui, d'ordinaire, peuvent être une ancre de salut, sont dans ce cas un écueil. Le visiteur d'un prisonnier que sa famille a contribué à perdre aura beau avoir tact et prudence, il ne pourra faire que ce qui est ordinairement un appui ne soit dans ces cas exceptionnels un sérieux obstacle qu'il ne faut pas aborder de front, qu'il faut au contraire tourner avec mille précautions. Pour le détenu, on sauvera l'intention des parents ; ils voulaient son bien, dira-t-on, mais ils se sont trompés dans le choix des moyens de l'obtenir, et de même qu'ils se sont trompés avant, ils se tromperont encore après ; il ne faut donc en aucune façon suivre leurs conseils à l'avenir. Comme le moyen le plus sûr, et même l'unique, de ne pas être passif pour le mal c'est d'être actif pour le bien, il faut, à tout prix, s'efforcer de transformer les idées familiales du prisonnier de telle sorte qu'il en vienne à donner de bons conseils à sa famille en échange des mauvais qu'il en a reçus. Ce n'est pas que nous prétendions corriger la famille par l'intermédiaire du prisonnier (quoique ses observations doivent avoir une autorité particulièrement grande), mais ce sera fortifier le détenu dans la conviction de sa propre raison ; car prisonnier ou professeur de métaphysique, en enseignant on apprend toujours, et l'amour-propre peut être aussi un excellent auxiliaire.

Quelquefois la famille exploite le prisonnier, exploitation misérable à tous les points de vue. Dans ce but elle simule une affection qui n'existe pas ; mais le prisonnier y croit, à cause du désir, ou pour mieux dire du besoin qu'il a d'être aimé de quelqu'un, lui que tout le monde repousse.

Quoi de plus triste que de le détromper, quoi de plus propre à le démoraliser ! Trouver la feinte et la tromperie où devrait être l'affection sincère !

Ce cas est encore plus grave que le précédent et cet égoïsme hypocrite, on peut dire impie, ne mérite aucune autre considération que la préoccupation d'éviter au prisonnier un mal possible, en dissipant une douce illusion, en arrachant le masque qui couvre la perversité des siens. Les siens !! Expression à la fois si vulgaire et si éloquente.

N'avoir pas les siens ! Etre pire qu'orphelin, pire qu'un enfant trouvé, avoir des parents qui ne l'aiment point, qui n'en ont pas compassion, et qui ne jettent un regard indifférent ou de convoitise sur son malheur que pour voir s'il leur est possible de l'exploiter.

Dans ces cas, dans le dernier surtout, le conseil doit s'unir à la consolation que pourra donner seulement un grand cœur qui substitue son affection, autant que possible, à la famille égoïste et dangereuse, qui veut exploiter le prisonnier et qui le perdra quand il aura recouvré la liberté.

Si la famille est honnête et que le détenu ne soit pas tellement pervers qu'il ait rompu tous les liens qui l'unissaient à elle, cette famille peut être un élément qui contribuera à sa correction.

Mais il arrive souvent que le prisonnier ne songe *aux siens* que pour les exploiter, pour leur demander avec insistance, sous prétexte de privations et de besoins qu'il n'a pas, des secours qu'ils ne sauraient lui donner honnêtement, ou qui sont un sacrifice que raisonnablement ils ne doivent pas s'imposer. Toute relation du détenu avec sa famille dont le but est que celle-ci le secoure, en argent, à moins que dans la prison il ne manque du nécessaire pour l'alimentation et l'habillement, est suspecte d'égoïsme et on ne doit pas l'encourager. — Chaque fois qu'il en est ainsi, la discipline se relâche et l'amendement devient difficile. Le visiteur ne pourra rétablir l'ordre troublé par l'administration ; il essaiera seulement de ne pas aider l'égoïsme du détenu dans les relations avec sa famille, en faisant connaître à celle-ci les véritables nécessités du prisonnier et en mettant des limites à une abnégation qui part d'une erreur, et va parfois jusqu'à priver des innocents du nécessaire pour que le coupable jouisse du superflu. Il est naturel que la tendresse d'une famille désire cette compensation à la captivité ; mais on ne doit pas contribuer à cette injustice, ni entretenir chez le délinquant ce sentiment d'égoïsme qui a été l'un des plus grands facteurs de ses fautes. Si la famille du détenu est honnête, mais dans la misère, on peut encore trouver là un élément de moralisation, si le prisonnier aime sa famille ; soit qu'il cherche à la secourir par ses économies, soit qu'il ressente de la gratitude pour ceux qui la secourent. Les patronages des détenus, en général, n'ont pu jusqu'à présent venir en aide aux familles, mais ils peuvent faire quelque chose et même beaucoup pour elles en les recommandant à la charité de personnes compatissantes ou d'associations de bienfaisance. — Ils le peuvent aussi en donnant ces secours, que de mille manières et même sans argent peut procurer celui qui se trouve dans une position sociale suffisamment aisée à ceux qui sont tombés aussi bas que la femme et les enfants d'un condamné.

Les relations d'un détenu avec sa famille nuisent à sa moralité, soit parce que la famille sera mauvaise, soit parce qu'elle essaiera de l'exploiter.

La règle doit donc être d'éveiller ou de conserver les sentiments affectueux et de contenir l'égoïsme toujours dépravant de quelque côté qu'il vienne.

CHAPITRE XIV

Instruction

On dira, peut-être, qu'un visiteur n'est point un pédagogue. Mais le Sauveur fut un Maître, et de même quiconque voudra contribuer à la correction qui est le salut du prisonnier, devra tenter de lui donner, sinon des connaissances supérieures, du moins les premiers éléments de l'instruction.

Doit-on instruire le prisonnier? Cette question n'est point oiseuse, car, si on peut, dans cet ouvrage, l'omettre, on ne saurait la supprimer dans la prison. Le visiteur du prisonnier doit faire tout son possible pour l'instruire, à moins qu'il ne soit tout à fait idiot ou tellement pervers qu'il ne cherche dans les connaissances qu'on lui donnerait de nouveaux moyens de faire le mal. Hors ces deux cas, nous croyons qu'il convient d'instruire le prisonnier et de lui donner les connaissances les plus en rapport avec sa situation et sa nature, car, en effet, les délits et les crimes commis par les personnes instruites ne sont pas *une conséquence* de leur instruction, bien que quelquefois elle leur ait servi à les commettre, et si l'intelligence n'est pas à elle seule toute puissante pour le bien, elle peut du moins aider à le réaliser ou à rendre le mal moins nuisible. L'intelligence est incorruptible dans son essence. On peut l'obscurcir, la combattre, la vaincre, mais on ne peut la tromper ; celui qui sait le bien et le mal fait l'un ou l'autre, il ne les confond pas, et plus il les connaît, plus la lumière de l'intelligence est difficile à obscurcir et plus est facile le triomphe de la vertu. Si la volonté n'arrive pas à ce degré de perversité qui ne voit dans le savoir qu'un moyen de plus de commettre le mal, la culture de l'intelligence la fortifie et lui donne les moyens de résister à la tentation. Comme celle-ci vient des appétits et des passions, plus la raison qu'on leur opposera sera forte et moins ceux-ci auront de chances de triompher, toutes choses égales d'ailleurs.

Il faut remarquer que quelquefois on rend l'intelligence responsable de fautes qui ne sont point de son fait. Un homme grossier est honnête, un homme cultivé devient criminel : donc, dira-t-on, l'instruction est une cause de crime et de délit.

Mais il faut connaître la situation de chacun de ces hommes, les tentations qu'ils ont eu à repousser, l'atmosphère qu'ils ont respirée, car sans cela on ferait un raisonnement semblable à celui-ci : — Un enfant porte trois livres, un homme n'en peut porter trois cents, donc l'enfant est plus fort que l'homme : il faut connaître la force de l'obstacle pour juger celle qui est nécessaire pour le vaincre. Un caissier s'enfuit avec les fonds confiés à sa garde : il se les approprie, non parce qu'il sait lire, écrire et qu'il connaît la comptabilité en partie double; mais bien parce que cet argent qui représente pour lui des plaisirs dont d'autres jouissent, l'a tenté une fois, dix fois, cent fois et jusqu'à ce point qu'il n'a pu enfin résister à la tentation.

Un ignorant y aurait-il mieux résisté? Ayant à sa portée tous ces billets de banque, toutes ces pièces d'or, combattrait-il mieux le désir de s'en emparer, parce qu'il ne saurait pas lire? Le visiteur ne confondra point l'instruction avec les connaissances élémentaires. Il y a des gens qui savent lire et écrire et qui sont cependant plus ignorants, plus imbus d'erreurs que d'autres qui ne savent ni lire ni écrire.

Etre instruit, c'est savoir *raisonner*, le reste c'est posséder un instrument dont on ne se sert pas et qu'on peut bien ou mal employer.

Savoir raisonner n'est pas une chose *absolue* mais bien une chose *relative* à la personne qui raisonne et à l'objet du raisonnement.

Avec les connaissances d'un ouvrier instruit, on ne ferait qu'un ingénieur ignorant; des notions de droit suffisantes pour un particulier seraient insuffisantes pour le magistrat qui juge; mais, entendant bien qu'il s'agit de *quantité* et non de *qualité* pour le manœuvre comme pour le chef qui dirige le travail, deux et deux feront toujours quatre et la morale *essentielle* sera toujours la même aussi bien pour le coupable que pour le juge. Il y a dans les prisons des détenus (parfois en grand nombre dans certains pays) dont la raison n'est pas complète ou est dérangée, ce qui ne fait pas l'éloge des lois, et encore moins des juges qui les appliquent.

La mission du visiteur, en ce cas, se limitera à employer son influence, s'il en a, pour les faire diriger sur les hôpitaux ou les maisons de santé.
— Il n'est pas si facile qu'on pourrait le supposer, peut-être, de discerner jusqu'à quel point il y a incapacité absolue d'apprendre, chez un homme grossier, que son ignorance et ses erreurs ont pu faire prendre pour un idiot, par celui qui jugerait à la légère.

Il est bon de se rappeler les égarements de l'humanité dont il a été donné tant de preuves par des hommes éclairés, même par des philosophes, preuve évidente que dans l'esprit humain l'erreur n'est point incompatible avec la raison et que celle-ci ne suffit point toujours pour se préserver de l'erreur.

Il ne faut pas qualifier d'idiot l'homme grossier à cause des extravagances qu'il peut débiter, mais bien le juger sur des raisons qu'il peut comprendre.

De même qu'on introduit une lumière dans un lieu plein de gaz méphitiques pour voir si l'air y est respirable, de même on doit expliquer à l'homme qui paraît incapable quelque *vérité essentielle*, et, s'il la comprend, c'est une preuve que son ignorance n'est point invincible. On ne recommandera jamais assez la nécessité de donner en commençant l'alimentation intellectuelle à de très faibles doses, en dissimulant la leçon autant que possible, pour ne pas éveiller des susceptibilités d'amour-propre qui se rencontrent souvent, et très sensibles, chez ceux qui paraissent même avoir renoncé à tous autres sentiments.

Celui qui veut enseigner beaucoup en peu de temps n'apprendra rien à son élève. Le disciple adulte s'étourdit, se fatigue et parfois s'irrite et désespère d'obtenir un résultat dont il ne voit pas trace. Au contraire, si on commence par les plus petites choses et les plus faciles, le résultat obtenu l'encourage à chercher à en atteindre un plus grand.

Dans toute instruction, et principalement dans celle du détenu, il faut chercher ce qui est le plus à *propos*.

Chez l'élève libre, les dispositions naturelles sont une indication sûre pour guider le maître, mais quand le détenu a abusé de ses aptitudes, il faut développer chez lui d'autres facultés qui combattent celles qu'il a utilisées pour commettre ses méfaits. Avec le prisonnier de peu d'intelligence, il faut essayer du ressort de quelque sentiment religieux, de l'amour de la famille et de la patrie, de l'instinct de la liberté, de la crainte de la souffrance, sans se fier cependant beaucoup à l'efficacité de ces moyens; l'idée du passé et de l'avenir ont peu d'effet sur ces êtres, à compréhension limitée, dont les lumières intellectuelles peuvent à peine éclairer le présent.

Les prisonniers dont l'intelligence est suffisante, sont susceptibles de progrès intellectuels utiles à leur amendement, s'ils ne s'obstinent pas à repousser les leçons qu'on veut leur donner. Même pour ceux qui ont employé leurs capacités à la perpétration de leurs crimes, on peut supposer que certaines sortes de nouvelles connaissances pourront les aider à ne plus récidiver. Il est évident qu'il ne faudra pas enseigner la chimie à celui qui a falsifié des aliments ou des boissons, ni la calligraphie à celui qui a fait des faux, pas plus que la mécanique à celui qui s'est déjà servi de fausses clés, mais tous ces gens *instruits* peuvent manquer et manquent certainement d'autres connaissances qui pourraient contribuer à ce qu'ils ne reviennent plus à la prison.

Même pour la classe instruite des prisonniers, les maladresses, les imprévoyances des malfaiteurs, celles même qu'ils ont commises (auxquelles on se gardera bien de faire allusion), les angoisses d'une fuite, les souffrances de la prison, la liberté, la santé, la vie qu'ils se sont exposés à perdre, tout cela est une preuve qu'ils ignorent ou qu'ils ont oublié bien des choses qu'il leur importait de savoir ou de se rappeler, et qu'il n'y a rien de plus difficile et de plus compliqué que de vouloir faire le mal sans courir de risques.

Le malfaiteur, pour ne pas être découvert, a besoin de prévoir bien des choses; il en prévoit quelques-unes et en néglige d'autres. Quelquefois, quand tout est calculé avec le plus grand art, il survient une circonstance imprévue qui renverse les combinaisons, et tout s'écroule comme un fragile château de cartes.

Ce fait est si fréquent qu'on pourrait dire que c'est la règle générale, et les déductions naturelles qu'on en tirera peuvent influer sur ceux qui, l'esprit obscurci par des appétits grossiers ou des passions effrénées, ont mal raisonné.

Bien que l'amendement par le calcul ne soit qu'un amendement purement légal, nous savons déjà combien il est difficile; c'est comme s'il s'agissait de redresser à froid un fer tordu par le feu; mais le fait que le détenu a calculé et raisonné n'exclut pas d'autres faits qui peuvent le rendre accessible à l'influence de certains sentiments. La religion, la famille, la patrie, l'humanité peuvent encore avoir des voix qui parviennent à son cœur, et même l'amour-propre bien dirigé peut contribuer à le retirer de l'abîme pénal.

De toute façon, la catégorie des prisonniers instruits exige de la part du visiteur beaucoup de tact et une grande circonspection. Si, en état de liberté, être raisonneur est tout autre chose qu'être raisonnable, ce fait est encore bien plus vrai en prison. Tant d'exemples d'impunités, tant de lois injustes et de jugements erronés, la passion qui aveugle, l'égoïsme qui endurcit et égare la conscience qui se déforme et s'affaiblit, la discipline de la prison exaspérante pour celui qui s'est révolté contre des règles bien moins dures, le souvenir amer de jouissances perdues, les excitations de la cupidité, les colères de la haine, les angoisses de l'amour ; tous ces éléments et d'autres encore qui faussent le jugement se présentent à l'esprit du détenu.

Faudra-t-il s'étonner alors que son intelligence s'obscurcisse et que les conclusions qu'il tire de tout cela ne soient point conformes à la justice ?

Qu'il s'agisse d'enseigner une vérité ou de rectifier une erreur, il faut suivre une méthode et une logique spéciales dans la pédagogie de la prison. C'est comme s'il s'agissait de faire faire de la gymnastique à un homme qui n'aurait pas la liberté de tous ses mouvements ; il pourra, il devra exercer ses forces, mais ce ne sera que d'après des règles toutes spéciales. La raison du détenu est comme serrée dans les liens de son malheur et de sa faute, de l'injustice qu'il a commise, et, peut-être (ce qui est bien plus grave) de celle dont il aura été victime. On ne saurait lui demander des mouvements aussi vifs et la régularité des personnes qui raisonnent avec calme et en paix. Dans la prison on ne peut attaquer les erreurs de front et les prendre d'assaut, il faut les miner pour les voir s'écrouler, si c'est possible, et voiler souvent la vérité pour qu'elle n'éblouisse pas et n'irrite point comme la lumière qui blesse la vue d'un malade. La discussion, qui éclaire rarement ceux qui y prennent part doit être évitée avec le prisonnier, parce que l'amour-propre serait un nouvel et puissant obstacle à combattre.

Il ne faut pas non plus essayer de le convaincre par les lignes droites de la logique ; mais plutôt le suivre dans les tortueux zig-zags de ses raisonnements ; l'y suivre et l'y pousser afin de voir si, malgré tous ces détours, il arrive à la vérité. On recommande comme une nécessité (très grande en effet) de faire apprendre un métier au prisonnier qui n'en a pas ; mais, il est bien plus nécessaire de lui apprendre à raisonner avec justesse ; car, il lui servirait peu d'être maçon ou charpentier s'il n'est pas *quelqu'un*, s'il ne sait point rectifier les égarements de l'esprit, causes ou complices de ses méfaits ; s'il sort de prison sans posséder le *nécessaire psychologique*, les connaissances de son droit et celui des autres, de ses relations avec la société, de sa situation et des moyens de l'améliorer ou tout au moins de ne pas la rendre pire. Ce *pécule intellectuel* est d'une importance extrême et il peut l'acquérir quand même il ne saurait ni lire ni écrire. Il ne s'agit d'en faire ni un ébéniste ni un lettré, mais bien de *refaire* un homme qui disparaît presque, quand il devient un condamné.

Les connaissances nécessaires qui sont un guide pour celui qui est en danger d'enfreindre la loi sont un appareil de sauvetage pour celui qu'elle a puni. Véritable naufragé dans la société, il faut qu'il sache au moins le nécessaire pour surnager; parce que, quand il ne *saura pas*, c'est en vain qu'il *voudra*, et en tous cas la science fortifie le *vouloir* et le convertit plus facilement en *pouvoir*.

Il y a des connaissances qui, certainement, ne feront pas de mal au prisonnier. Les vérités éblouissantes de l'astronomie, les prodiges de la physique et de la chimie, de la zoologie, de la botanique, peuvent servir non seulement comme instruction en donnant des idées générales et en ouvrant à l'entendement de vastes horizons inconnus, mais encore en impressionnant l'esprit et en contribuant à le distraire d'idées qui le troublent.

Si on peut organiser des conférences dans la prison et démontrer pratiquement comment agissent la lumière et l'électricité, les lois physiques, les affinités chimiques etc., etc., ces leçons qui peuvent être en même temps des spectacles pourront contribuer à un résultat très important pour faire sortir le détenu de lui-même, en le replaçant peu ou beaucoup sur le terrain neutre de la science, qui enseigne avec la même impassibilité bienveillante les coupables et les innocents.

Dans les sciences sociales la vérité peut paraître hostile, parce qu'elle combat des intérêts ou des erreurs ; mais, dans les sciences naturelles elle ne se heurte à aucun égoïsme, et aujourd'hui elle a tout à la fois la solidité de la réalité et l'attrait du merveilleux. Elle peut être utile au prisonnier plus encore parce qu'elle le distrait, que parce qu'elle l'instruit. Son enseignement, il faut bien se le rappeler, consiste à faire oublier, autant et plus peut-être, qu'à faire apprendre.

La musique est un puissant moyen d'influence ; mais, on ne doit enseigner ni exécuter une musique quelconque, mais seulement la musique religieuse ou martiale : l'hymne dans ses invocations à Dieu, à la patrie, à l'humanité. La musique triviale, la musique voluptueuse ou même simplement pathétique, qui n'a pas de nerf et semble non la lamentation des douleurs humaines, mais seulement les pleurs du faible et de l'égoïste qui gémit sur lui ou les siens ; cette musique, qui ne fait de bien nulle part, pourrait faire beaucoup de mal en prison. Sans doute, il y a beaucoup à adoucir, mais non pas par les adoucissements de la mollesse.

Quels livres donner au prisonnier? C'est une question à laquelle il est assez difficile de répondre, même dans les prisons ayant des bibliothèques avec des milliers de volumes. Les livres dits instructifs, l'instruisent-ils ? L'histoire peut-elle être considérée comme une étude exempte d'inconvénients pour des moralités chancelantes ou dérangées qui n'y verront peut-être que le triomphe de la force, de la ruse et de la perversité et le sort distribuant ses biens en aveugle ou les donnant au plus indigne? Il est à craindre que la partie providentielle de l'histoire, si elle en a une, passe inaperçue pour le prisonnier qui, ne pouvant pénétrer dans ses profondeurs, ne verra que la boue ensanglantée de sa surface. De toute façon, si on lui donne un livre d'histoire, il faudra le lui choisir et ne pas prendre le premier venu.

Comme, en général, nous nous défions fort de l'instruction que le prisonnier peut retirer *seul* des livres instructifs, ceux qui sont d'un honnête passe-temps, tels que les récits de voyage, seront des plus utiles. Le récit d'actions remarquables et parfois héroïques de prisonniers, qui semblent changer en sympathie le mépris dont la société les couvre et que du reste ils lui rendent, serait une histoire intéressante et véritablement morale.

Qu'ils le manifestent ou non, les détenus se considèrent comme une classe à part et mise à l'index, dont les individus ont beaucoup de points communs. Leur infortune et leur ignominie les rapproche tellement, qu'ils se considèrent presque comme des proches.

Si on excepte ceux qui ne s'émeuvent de rien, que rien ne touche, — et c'est la petite minorité, — la majorité des prisonniers s'intéresse très particulièrement à ce qui se rapporte à ses compagnons de faute et d'infortune. Le bon exemple qu'ils regarderaient avec indifférence, dont ils se moqueraient peut-être, venant d'un homme libre, les intéresse s'il est donné par un prisonnier. L'élévation morale de celui-ci semble leur rendre une part de dignité et, aux applaudissements que donne la société, ils joignent les leurs, sans songer d'où ils viennent, et considérant seulement où ils vont. L'héroïsme de ce prisonnier crée un sorte de zone morale, neutre, où se retrouvent les proscrits de la société et ceux qui les ont frappés; union passagère, il est vrai, mais qui pourrait durer si la raison et la charité arrivaient à la consolider par leurs efforts persévérants.

Que cette union de longue durée soit prochaine, lointaine ou impossible, ce qui est hors de doute, c'est l'intérêt particulier qu'inspire au condamné tout ce qui a trait à ses compagnons d'infortune : c'est pourquoi le livre que nous indiquons, recueil de faits remarquables ou héroïques dont les auteurs seraient des prisonniers, écrit simplement et sans réflexions ni commentaires, qui lui donnerait une apparence de leçons, serait un livre de lecture fort utile et une source d'émotions salutaires. La façon d'impressionner devrait surtout préoccuper l'auteur de ce livre, qu'on fera un jour, nous l'espérons.

Comme il y a des théoriciens (pouvant influer sur la pratique) qui considèrent les prisonniers comme des êtres à part, différents d'eux-mêmes, il importe de rappeler que les sympathies sont en rapport avec les analogies et les ressemblances. L'indifférence avec laquelle on écrase un ver de terre et l'intérêt qu'inspire un chien ont leur origine dans la différence que nous établissons entre eux, par rapport à l'homme. Non seulement les différences naturelles mais aussi les différences artificielles de classes trop marquées produisent des antipathies de l'une à l'autre, et provoquent des sympathies entre les individus d'une même classe. Il n'y a donc rien d'anormal à ce qu'un condamné porte un intérêt plus spécial à ce qui touche un de ses compagnons de peine.

Dans les connaissances scientifiques ou artistiques, on peut indiquer une leçon au prisonnier et il pourra l'apprendre soit seul, soit avec un peu d'aide; mais il ne saurait apprendre tout seul les leçons morales; il faut, au contraire, les lui dissimuler comme on dore la pilule d'un médicament. Ce qu'un homme sait le moins et ce qu'il a surtout besoin de savoir, c'est ce qu'il a honte d'ignorer. Son amour-propre ne se blesse point, qu'on lui donne des leçons de physique ou de chimie; mais il se croit humilié de recevoir une leçon de morale, surtout si elle semble une accusation, en contredisant ses actes.

L'instruction donnée au détenu, en élargissant l'horizon de son intelligence, doit avant tout être modificatrice de son être moral.

Elle pourra peu, beaucoup ou rien; mais, ce qu'elle pourra faire, elle doit le diriger vers ce but principal qu'elle ne devra pas perdre de vue, à savoir: qu'en éclairant elle doit surtout *améliorer*.

CHAPITRE XV

Les bons prisonniers

On appelle de ce nom, dans les prisons, les détenus soumis, qui n'enfreignent pas les règlements et ne donnent pas de soucis aux surveillants. Ceux-ci disent en parlant de ces prisonniers : « Il a été tout ce qu'on voudra, mais il se conduit bien. »

Cette bonne conduite qui est le point important, qui suffit dans la prison est-elle une garantie pour le jour où il en sortira et peut-elle inspirer quelque confiance au visiteur ? Nullement.

Le détenu peut être bon prisonnier parce qu'il se résigne au châtiment qu'il reconnaît lui avoir été justement infligé, ou parce qu'il endure avec patience une peine injuste; parce que, vétéran du métier, hôte assidu de la prison, il sait s'en accommoder, faire tout le mal qu'il peut cacher et ne point tourmenter les surveillants pour ne pas en être tourmenté à son tour; parce que, sans être récidiviste, il est préparé à souffrir les conséquences de ses méfaits sans repentir et sans révolte ; parce que, avec de la soumission et d'hypocrites complaisances, il cherche à se procurer des avantages et avancer le jour de sa sortie ; parce qu'il est faible et qu'ayant succombé dans sa lutte contre la loi, il lui répugne d'entreprendre un nouveau combat ; parce que, brute et indolent, voyant ses principales nécessités matérielles satisfaites, il s'accommode très bien de la captivité. A laquelle de ces catégories doit appartenir celui que le visiteur cherche à protéger? Qui pourrait le dire ? La seule chose qu'on puisse indiquer, c'est que bon prisonnier n'est pas synonyme de prisonnier corrigé ; c'est que souvent, très souvent, de grands criminels sont de bons prisonniers, s'ils n'appartiennent pas à la variété rare des furieux, qui devraient être plutôt dans des maisons d'aliénés ; c'est que l'acclimatation facile dans la prison doit être suspectée quand elle n'est point celle d'un esprit qui se résigne ; c'est qu'enfin il y a des prisonniers que la prison exaspère, réfractaires à sa discipline, inquiets ou tapageurs et qui cependant ne sont pas méchants.

Dans une prison de femmes fort mal organisée et que nous avons été à même de bien observer, les grandes criminelles étaient toutes de *bonnes prisonnières*, à part une hystérique qui aurait dû être à l'hôpital, et une jeune fille qui tenta de s'évader. Les disputes, les émeutes, les désordres ne se produisaient que dans la salle des correctionnelles où se trouvaient celles qui n'avaient commis que des délits sans grande gravité ou des faits injustement qualifiés délits (comme par exemple l'introduction, en contrebande, de quelques kilogs de sel.)

Dans la salle où se trouvaient les homicides, les empoisonneuses, celles qui avaient des condamnations à de longues peines ou à perpétuité, régnait l'ordre et le silence. Toutes ces femmes, perverses à un haut degré, étaient de judicieuses personnes.

Dans les prisons d'Espagne, le principal élément de discipline consiste dans les *cabos de vara* (caporaux à verge), surveillants généralement choisis parmi les condamnés pour crimes graves. Les motifs de ce choix sont de diverses natures; mais l'un d'eux est sans doute la régularité de leur conduite. Ces pervers, dont les mains teintes de sang manient les verges dont ils martyrisent leurs compagnons qui quelquefois les tuent, sont de *bons prisonniers*. Nous relatons ces faits pris dans les prisons d'Espagne, parce que là où les prisons sont mal organisées, elles se prêtent mieux à l'étude du naturel du détenu, et que dans les établissements pénitentiaires où règne l'ordre matériel et moral, les mauvais prisonniers sont rares, on pourrait presque dire impossibles à un certain degré, et les bons ne s'en distinguent plus par des lignes aussi tranchées. Quel que soit le système et l'ordre d'une prison, nous croyons que le visiteur ne doit ni se fier aux *bons prisonniers* ni désespérer des *mauvais*.

CHAPITRE XVI

Les récidivistes

Le visiteur doit considérer le récidiviste au point de vue *moral* qui n'est point toujours le point de vue *légal*. Il y a des pervers dont les mauvaises actions sont *légales* ou bien qui ont pu tenir cachées celles que la loi réprouve et qui se présentent devant les tribunaux comme des gens ayant enfreint la loi pour la première fois, bien qu'en réalité ils soient des récidivistes.

Un grand nombre de ceux qu'on juge et qu'on punit comme récidivistes n'ont commis leurs fautes que dans des circonstances qui en atténuent la portée, ou bien en ont commises qu'on n'aurait pas dû punir et n'ont été poursuivis que pour avoir désobéi à des ordres qui n'auraient point dû être donnés.

Les législations, dans tous les pays, même les plus avancés, prescrivent quelquefois, lorsqu'elles devraient s'abstenir, et dans certains cas commandent le contraire de ce qu'il conviendrait de faire.

Si aux erreurs de certaines lois ou des juges qui les appliquent on ajoute les iniquités du plus grand nombre des prisons, et s'il est vrai que l'injustice soit le moyen le plus sûr de rendre injuste, et la corruption celui de rendre corrompu, il en résultera comme on l'a déjà dit, que *les prisons sont la plus grande fabrique de récidivistes.*

On doit donc faire quatre classes de récidivistes.

Ceux que les tribunaux n'ont point considérés comme tels et qui, en réalité, le sont au point de vue moral.

Ceux qui sont récidivistes par suite d'une volonté perverse que condamne à la fois la morale et la loi.

Ceux qui ont commis plusieurs fois des fautes qui ne devraient pas être punies et qui de la sorte ne sont que des récidivistes légaux, ne l'étant pas au point de vue moral.

Enfin, ceux qui sont retombés dans des fautes punissables, moins par leur fait que par suite de circonstances extérieures venant de leur milieu social.

Ces deux dernières classes pourraient s'appeler les *récidivistes artificiels.*

Il est important que le visiteur ne se laisse pas influencer par le préjugé vulgaire qui veut que les récidivistes soient parvenus toujours au dernier degré de la dépravation et tient pour constant qu'ils sont incorrigibles. Il y en a, en effet, de très enracinés dans le mal, mais il y en a d'autres qui sont bien meilleurs que certains criminels condamnés pour la première fois.

Ceux que nous avons qualifiés de récidivistes *moraux* nous semblent les plus difficiles à corriger. Longtemps en paix avec le monde comme avec la loi, le contraste de leurs mauvaises actions avec la bienveillance dont ils étaient l'objet n'a point produit d'effet sur eux.

Ils n'avaient point été discrédités, l'ignominie ne les avait point atteints, l'infamie ne leur avait point fait sentir sa dépravation, ni la souffrance son désespoir; et, au milieu de circonstances si favorables pour s'amender, ils n'ont écouté leur voix intérieure que pour demander à l'hypocrisie les moyens d'obtenir l'impunité. — L'emprisonnement est pour eux une véritable catastrophe, c'est la seule brèche par où on puisse entrer dans ces esprits calculateurs auxquels pour la première fois le mal n'a pas réussi. — Ils se reprochent leur imprévoyance, leur maladresse ou leur négligence; ils regrettent de s'être confiés à ceux dont ils auraient dû se défier et de s'être méfiés de ceux auxquels ils auraient dû croire.

Ce n'est pas un examen de conscience qu'ils font mais un examen de leur intelligence, qu'ils se promettent de mieux employer à l'avenir pour faire le mal sans courir de risques.

L'attaque contre leur obstination mauvaise doit être dirigée contre leur point vulnérable. L'hypocrisie qui n'a pas été une armure impénétrable ne leur sera plus désormais une ressource suffisante ni même possible, une fois enlevé le masque dont ils se couvraient.

Ils étaient amis de la tranquillité et ils n'ont plus d'autre chemin pour recouvrer cette tranquillité que l'amendement. Leur pur calcul (nous devrions dire leur impur calcul), dans ce cas comme dans bien d'autres, ne peut plus leur suffire. Enfin, il n'y a rien de si difficile à débrouiller que les tournures d'esprit, les desseins et les procédés de ces calculateurs égoïstes ; il est presque impossible de les suivre dans ce labyrinthe qu'ils ont construit sans le savoir et il faut leur faire comprendre qu'ils n'en pourront sortir sans le secours de quelque principe juste et droit.

Quand nous disons calculateur *égoïste* nous ne voulons pas dire *absolu*. Le récidiviste moral, qui pendant longtemps s'est joué de la loi, peut soumettre tous ses procédés au calcul sans que tout son esprit y soit soumis. De même qu'on voit des avares se montrer parfois généreux sur certains points, de même aussi il peut se rencontrer des pervers dont les calculs se modifient singulièrement sous l'influence d'affections, d'idées ou de croyances. Il faut voir si, à l'aide de ces auxiliaires, on peut obtenir de celui qui a grande confiance dans l'*intérêt bien entendu* de ne plus persévérer dans le mal. Cette direction de l'intérêt bien entendu ressemble à celle qu'on imprime au navire avec une barre de matière fragile et imparfaite ; suffisante sur des eaux calmes, elle se brise dans la tempête et le vaisseau reste sans gouvernail. Suivant que les passions, les douleurs, les injustices, les contrariétés deviennent plus pressantes, le danger de ne pas *bien* comprendre l'intérêt augmente, de sorte qu'on peut le considérer comme un guide qui (s'il ne s'égare, bien entendu) vient à manquer quand on en a le plus besoin. Il est très important de bien faire comprendre tout cela ou le plus possible au récidiviste moral. Parmi les récidivistes, que condamnent la loi et la morale, un grand nombre, le plus grand nombre à notre avis, n'auraient point récidivé sans la contamination de la prison, la réprobation de l'opinion publique, les difficultés de vivre honnêtement et enfin la répétition, après leur mise en liberté, des mêmes circonstances à la suite desquelles ils ont commis leurs premières fautes.

Si la prison est dépravante, le visiteur ne peut supprimer ce fait ; mais, il peut l'atténuer par son influence morale et intellectuelle, par l'appui qu'il donne au détenu, par celui plus grand encore qu'il lui promettra pour le jour de sa mise en liberté et en s'arrangeant pour qu'à sa sortie de prison, le détenu se retrouve dans une situation différente, contraire même, si on le peut, à celle où il se trouvait lors de sa condamnation

Parmi les récidivistes *artificiels*, victimes de lois injustes ou de la manière de les appliquer, il y en a un grand nombre dont l'amendement semble facile, à en juger d'après le peu de gravité de la faute ou parce que celle-ci n'aurait pas dû amener une condamnation.

Cependant beaucoup de ces récidivistes sont des plus obstinés au mal.

Les délits d'ordre politique, religieux et militaire amènent à la prison des hommes qui ne devraient pas y être. Or, un grand nombre de ceux-là sont incapables de résister à la mauvaise influence de la prison ; ils s'abandonnent au désespoir, s'abattent et deviennent vicieux et pervers.

Législateurs aveugles, lois impies, qui supposent l'homme moral invulnérable, qui ne savent pas ou ne veulent pas savoir que, chez la plupart des hommes, l'équilibre moral est instable, que quelquefois le plus léger poids peut suffire à faire pencher la balance du côté du mal, qui y jettent ce poids bien lourd sous la forme de lois injustes et de prisons dépravantes, où l'on entre honnête pour n'en sortir que vicieux ou coupable. C'est le plus grand attentat qu'on puisse commettre, au nom de la justice, contre la justice.

Parmi ces récidivistes, il y en a qui, à l'aide d'un secours étranger, reviennent aux idées et aux sentiments qu'ils avaient avant d'avoir été victimes de la force; mais il y en a d'autres qui seront bien difficiles à relever, ils restent anéantis et leur individualité disparaît; d'autres enfin, sont exaspérés et n'écoutent plus que les voix de la haine et de la vengeance. Si la peine a été courte, elle pourra n'avoir pas fait grand mal; mais si elle a été longue, ce serait une erreur de croire l'amendement facile parce que la faute a été légère ou même n'existe pas; car les ravages causés par la prison, chez ceux qui n'auraient point dû y entrer, sont quelquefois irréparables.

Dans les délits de contrebande, il en est souvent ainsi. L'attentat légal n'est pas énorme, mais l'injustice est parfois bien plus grande et plus saillante encore, parce que, dans les contrebandiers en bande, ceux qui réalisent les plus gros bénéfices, le font impunément et ont pour exposer aux risques de l'entreprise ce que l'on pourrait appeler *de la chair à prison*, qu'ils achètent bon marché et sacrifient sans miséricorde.

Cette injustice doit faire de terribles ravages dans le moral d'hommes ordinairement grossiers, qui ne voient dans leur condamnation qu'un cas de force majeure, et il sera bien difficile de leur faire comprendre que les lois obligent en conscience, quand elles ne commandent rien contre la conscience; qu'enfin c'est un mauvais calcul que celui des contrebandiers, qui font de la prison pour enrichir des gens qui jouissent, chez eux, de l'impunité, quelquefois même avec la complicité de ceux qui ont avec eux, la force publique qui les frappe, eux, pauvres gens. (1)

(1) Dans les papiers de l'abbé de Hambourg, papiers qui

Les délinquants artificiels, qui récidivent le même délit, n'en sont pas moins honnêtes, mais il est à craindre le plus souvent que l'injustice ressentie, la contagion de la prison, la douleur, l'ignominie exaspèrent et démoralisent des gens qui n'étaient point vicieux ni coupables, les plongent dans le vice et les conduisent au véritable délit. Dans ce cas, il y a une grosse accusation contre la loi et peu d'espoir de trouver un terrain facile pour l'amendement.

Quand le visiteur trouvera des ivrognes récidivistes, une fois, dix fois, cent fois que devra-t-il faire? (1) Il devra employer l'influence qu'il peut avoir ou celle des autres à faire modifier la législation afin d'obtenir que cette sorte de condamnés soit envoyée dans des établissements spéciaux. Le visiteur devra comprendre qu'il rencontrera les plus grandes difficultés si ce vice se complique d'autres délits pour ne former ensemble qu'un seul tout, en apparence du moins, de telle sorte qu'on ne peut agir sur l'un sans guérir de l'autre.

Quant aux récidivistes obstinés nous continuons

malheureusement ont été perdus, il y avait des notes fort intéressantes sur les marchands d'allumettes, hommes et femmes honnêtes, jusqu'à ce que la loi qui établit le monopole des allumettes en France, en fit des contrebandiers délinquants et *récidivistes artificiels*.

(1) L'ivrognerie n'est pas punie dans un grand nombre de pays arriérés, mais, avec le temps nous croyons qu'on la punira partout et surtout qu'on fera en sorte de lui appliquer un traitement spécial.

à penser comme nous le faisions quand nous disions au Congrès international pénitentiaire de Saint-Pétersbourg : « Le vice, voilà la note sail-
« lante sinon la caractéristique de ceux qui récidi-
« vent un grand nombre de fois. Il y a des vicieux
« qui ne sont pas criminels et il y a des criminels
« qui ne sont pas vicieux ; mais il sera fort rare
« que les criminels obstinés ne le soient pas et leurs
« crimes, très voisins du vice, ou se confondront
« avec lui ou bien en prendront un caractère d'opi-
« niâtreté qui tendra à devenir chronique.

« On sait avec quelles difficultés on peut arri-
« ver à corriger un vicieux, même dans les condi-
« tions les plus favorables de position sociale,
« d'instruction, de considération publique (méritée
« ou non), de moyens de satisfaire ses goûts et ses
« penchants, malgré le respect et l'amour qu'il
« devrait avoir pour ceux à qui il les doit et qu'il
« afflige par son genre de vie ; enfin, malgré tout
« ce qui devrait influer sur un homme pour l'em-
« pêcher de s'abandonner à des appétits désor-
« donnés.

« Avec tous ces éléments pour triompher de ses
« tristes habitudes, le vicieux est presque toujours
« vaincu. Il était possible, il était peut-être facile,
« de l'empêcher de tomber ; il est fort difficile de
« le relever.

« Tout le monde sait cela, et dès lors on com-
« prend la difficulté de corriger le délinquant

« vicieux lorsque le vice entre comme cause prin-
« cipale et première, peut-être, du délit, et que celui-
« ci participe de l'obstination persistante, de l'ha-
« bitude de satisfaire des goûts dépravés.

« Les sentiments essentiels de l'humanité, les
« mouvements de sympathie ou de compassion,
« la répugnance, l'horreur même d'être la cause
« de grands et irréparables malheurs qui sont une
« digue contre le crime, n'arrêtent pas le vice ni
« le délit qui en est la suite.

« La conscience personnelle (ni celle d'autrui) ne
« se révolte contre la mendicité, le vagabondage,
« l'infraction à un arrêté de séjour, l'introduction
« en contrebande d'objets soumis aux droits de
« douane ou d'octroi, ni contre de légers larcins, de
« telle sorte que ces délits voisins du vice n'ont
« pas le frein de l'horreur qu'ils devraient inspirer
« et peuvent facilement passer à l'état *permanent*. »

Telle est suivant nous la triste réalité des faits
et nous n'avons pas voulu la cacher au visiteur
manquant d'expérience, pour qu'il n'en soit pas
surpris ni qu'il ne se décourage point et qu'il ne
soit point induit en erreur en supposant que, s'il
ne peut avoir d'influence auprès de ceux qui ont
commis de légers délits, il en aura moins encore
auprès des grands criminels.

Lorsque ceux-ci ne sont point vicieux et, à part
quelques monstres extraordinaires, le crime grave,
étant exceptionnel, s'identifie rarement à la nature

de l'homme au point de passer à l'état d'habitude, d'où il faut conclure à notre sens que le visiteur ne doit pas concevoir beaucoup d'espérance quand il se trouvera en face d'un léger délit ni désespérer quand il rencontrera un crime grave. Jusqu'à quel point le récidiviste s'est-il identifié avec ses fautes ? Il est impossible de le savoir, si pour le corriger on n'a pas employé tous les moyens convenables, ce qui arrivera rarement, car même en supposant une prison modèle il a pu, lorsqu'il en est sorti, rencontrer des circonstances de nature à l'empêcher de persévérer dans le bien.

En règle générale, très générale, étant données les prisons, les lois et les sociétés actuelles en tous pays, il y a, ou il peut y avoir, dans la récidive, une grande part de complicité sociale. En supprimant cette complicité ou en la diminuant, il est probable que le récidiviste se corrigera et il ne faut jamais admettre que le fait de ne s'être pas corrigé prouve qu'on soit incorrigible.

Le visiteur, sur la foi des tribunaux, ne saurait infliger au délinquant cette perpétuelle flétrissure morale.

De ce qu'un homme ne s'amende pas, dans le sens légal du mot, doit-on en conclure qu'il ne se modifiera pas dans le sens du bien ? Nous ne le croyons pas. Tout au contraire, il nous semble que sauf de rares, très rares exceptions, le visiteur charitable et persévérant peut être assuré que son influence sera plus ou moins grande, mais qu'elle ne sera jamais inutile et que, si le détenu n'est point *corrigé*, il sera au moins devenu *meilleur*.

Le visiteur aura la consolation de se dire : cet homme n'est pas bon, mais il n'est plus aussi mauvais qu'il l'était avant mes visites.

Celui à qui cet avantage paraît insuffisant et la consolation purement illusoire, ne comprend pas comme nous cet avantage et cette consolation.

CHAPITRE XVII

Les condamnés à perpétuité

On dit *faire* une peine parce qu'en effet c'est comme une tâche qui, heure par heure, jour par jour, s'accomplit pour se terminer au jour de la mise en liberté.

Il y a par contre, certains condamnés dont la peine ne sera jamais *faite* parce qu'elle ne doit finir qu'avec la vie.

Ces condamnés à perpétuité sont-ils désespérés?

Le visiteur, encore sans expérience ou qui n'a pas suffisamment réfléchi, pourrait peut-être le croire.

Au spirituel comme au matériel, l'homme a de grandes facilités d'assimilation. Sans aller jusque dans les prisons, on peut observer chez des personnes dont la situation semble bien faite pour les plonger dans le désespoir, que cependant elles ne se désespèrent pas, qu'elles se résignent, qu'elles conservent même quelques jouissances. Celle qui ressemble le plus à la réclusion pénale, c'est celle qu'impose la maladie.

Cette dernière, à la vérité, n'a pas l'amertume d'être l'œuvre de celui qui la subit, il était dans l'impossibilité d'y échapper ; mais, en revanche, elle est d'ordinaire accompagnée de souffrances et d'impossibilités physiques que n'a point ou peut ne pas avoir le condamné à une peine perpétuelle.

Les paralytiques, les estropiés, les valétudinaires de vieillesse ou de maladie, non seulement se résignent, mais même quand la douleur ne les tourmente pas trop, ont *leurs divertissements*, leurs satisfactions et leurs jouissances.

Comment un homme, dans toute sa force et sa vigueur, pourrait-il comprendre la résignation du vieillard qui ne peut quitter sa chaise ? Et cependant, ce vieillard se résigne, il se distrait, il a même quelques plaisirs, et enfin, ce qui semble impossible au premier abord, quoique bien certain, il a eu une égalité d'âme, un calme, une tranquillité d'esprit, qui le rendent plus heureux que tel jeune homme qui le prend en pitié et affirme qu'il se brûlerait certainement la cervelle, s'il devait jamais être réduit à pareil état.

Il faut tenir compte, en outre, que ceux qui sont condamnés à perpétuité sont en général de grands criminels, à la sensibilité peu développée, qui semblent conserver pour eux-mêmes un peu de cette cruauté qu'ils ont exercée contre les autres, ce qui paraît leur donner une personnalité propre à supporter les conséquences de leurs forfaits.

Il n'y a donc rien d'extraordinaire et, tout au contraire, il est parfaitement conforme à la nature humaine, que des condamnés à perpétuité s'accommodent, sans se désespérer, d'une situation, qui à première vue, paraît sans issue.

Quand ces condamnés sont seuls ou mal entourés, quand ils n'ont pas en eux-mêmes de grandes ressources psychologiques, cette accommodation à la prison n'est rien autre chose que l'instinct de la vie qui se raccroche à ce qu'il trouve, et il ne faut pas la confondre avec la résignation ou avec la soumission, pour des motifs sentis ou raisonnés, qui ne sont pas l'instinct, la lassitude ou la fatigue.

Les efforts du visiteur doivent tendre, dans tous les cas, à transformer cette accommodation à la prison en résignation, et, principalement chez ceux dont l'espérance est vague ou n'existe plus, et ne voient l'avenir que sous la forme d'une continuation d'un présent malheureux.

Pour transformer l'accoutumance à la prison, en résignation, il ne faut pas négliger cette disposition, mais bien s'en servir. Quand on veut agir sur un homme, il faut ne laisser de côté aucune des forces qu'il peut avoir, soit qu'on s'en serve comme d'auxiliaire, soit qu'on les combatte.

Ainsi donc, l'instinct de la vie et la crainte de la souffrance sont deux points très sûrs, qui font rarement défaut par exemple chez les fous furieux ou chez ceux qui se suicident.

Les systèmes pénitentiaires, les règlements des prisons et les visiteurs se proposent d'agir sur le détenu et de le perfectionner dans un métier afin de lui donner le désir et les moyens de vivre honnêtement quand il sera remis en liberté. Quand il s'agit d'un condamné à perpétuité, quel but devront viser le système pénitentiaire, le règlement et le visiteur ? Ce but variera beaucoup suivant les croyances qu'on aura ou suivant qu'on n'en aura aucune.

Le condamné à perpétuité qui croit à une autre vie peut et doit se préparer en celle-ci. La prison est une juste punition, une expiation méritée qui, supportée d'un esprit résigné, obtiendra le pardon des fautes, et après une existence coupable, malheureuse et périssable, conduira à celle qui ne périt jamais et dans laquelle il n'y a plus ni péché ni peine.

Chez les femmes, même aussi criminelles que le sont ordinairement les condamnées à perpétuité, il n'est pas rare de voir les croyances religieuses se conserver. Celles-ci sont plus rares et plus tièdes chez les hommes qui ont commis de grands crimes. Ils ne sont pas complètement incrédules, ils n'ont guère qu'une foi vague, une espérance confuse, et si parfois ils ont peur quand ils voient la mort les menacer, à part quelques exceptions, ils ne songent guère à l'autre vie quand ils sont en bonne santé. Quel que soit le degré ou la forme de la croyance à une autre vie, cette croyance peut aider à faire que le détenu à perpétuité se résigne en celle-ci : Nous disons qu'elle peut, parce qu'il n'en est pas toujours ainsi et l'on voit des croyants désespérés, se suicider en se recommandant à Dieu, avant de mourir.

Sans s'arrêter à ces cas extrêmes nous devons remarquer que la réalité du présent s'impose. Ainsi celui qui espère revoir dans une autre vie l'être qu'il a aimé ici-bas, avec passion, et qui en mourant lui a enlevé toute félicité, veut cependant encore vivre.

Le prisonnier, être faible au moral, qui compte beaucoup sur *aujourd'hui* et fort peu sur *demain* verra d'une façon très confuse les perspectives d'outre tombe. En faisant même abstraction d'une autre vie le prisonnier comprendra que pour rendre celle-ci moins triste il lui faut se résigner parce que la révolte ne fera que lui rendre la vie plus dure. S'il se montre soumis, s'il fait ce qu'il sait faire et apprend ce qu'il peut; en un mot, s'il est bon prisonnier, il peut compter sur la bienveillance de ceux qui le surveillent et être sûr d'adoucir les amertumes de son sort.

Le visiteur l'aidera moralement, intellectuellement et matériellement autant que le permettent les règlements.

Même en faisant abstraction de la vie future et de ce que souffre en celle-ci le condamné à perpétuité, il n'est pas indifférent pour la société que celui-ci soit résigné ou désespéré, utile ou à charge, pacifique ou séditieux et que, peut-être, il en vienne à sacrifier la vie d'un surveillant dans la certitude de l'impunité puisqu'il n'a plus rien à redouter.

On doit faire en sorte que le travail absorbe le plus possible les facultés mentales, parce que, quand le travail est absorbant, il a quelque chose de commun avec le sommeil : travailler comme dormir, c'est *oublier*. Qu'il oublie donc, autant qu'il le pourra, celui qui ne saurait même se réfugier dans le souvenir, ni dans l'espérance.

Que l'on comprenne bien que par *travail absorbant* nous n'entendons pas *travail accablant* qui n'est qu'une autre sorte de peine de mort, plus cruelle en multipliant les bourreaux et les tortures. Le visiteur inexpérimenté supposera peut-être que les condamnés à perpétuité portent leur classement dans leurs peines et que malgré la diversité des crimes leur perversité est la même.

On se tromperait fort en faisant une telle supposition.

De ce que la peine de mort est abolie dans certains pays, que dans d'autres on l'inflige rarement, qu'on l'exécute encore moins souvent, il en résulte que les condamnés à mort sont confondus avec les condamnés aux travaux forcés à perpétuité et subissent la même peine.

Les moralités les plus diverses se trouvent ainsi légalement confondues, depuis l'homme honnête que la sévérité du code militaire a condamné à perpétuité, jusqu'au monstre qui a été grâcié, ou n'a pu être condamné à mort, faute de preuves ou pour d'autres motifs quelconques.

Quand il s'agit de condamnés à perpétuité, le visiteur devra, plus encore que dans tous autres cas, refaire le classement légal et faire un classement moral. S'il y a parmi eux des condamnés pour crimes militaires ou politiques, il est possible qu'il y rencontre des gens essentiellement honnêtes. N'y en eût-il pas de cette catégorie, il y aura toujours des condamnés qui conservent des sentiments humains ; des criminels endurcis, peu accessibles aux influences bienfaisantes ; enfin, de véritables monstres que, si ce n'est pas toujours vrai, ce sera, du moins, une consolation de croire aliénés.

Ceux dont la cruauté a été excitée par la luxure ou que celle-ci a suivie appartiennent généralement à cette dernière classe. Le visiteur qui parviendra à les modifier quelque peu dans le sens du bien, aura fait l'œuvre la plus grande et la plus difficile.

Avec des personnes qui ne peuvent plus faire le mal dans le monde, mais qui, en prison, essaient de n'en plus faire, peut-on adoucir un peu les rigueurs de la discipline ? Nous le pensons.

Dans une prison de femmes, on ordonna un jour, d'évacuer la cour. L'ordre s'exécutait avec plus de bruit que de célérité, mais enfin il s'exécutait. Seules, certaines détenues ne bougeaient pas ou marchaient avec tant de lenteur que, sans résister cependant, elles semblaient peu disposées à obéir. Et celles-là, dis-je, en m'adressant à une surveillante (condamnée elle-même) et en lui montrant ce groupe de retardataires qu'elle n'avait interpellé que d'un ton et de gestes moins sévères cependant. Oh! celles-là, répondit-elle, ce sont des travaux forcés à perpétuité.

Il est à désirer que l'administration ne se montre pas plus dure que ne l'était cette femme, criminelle elle-même.

CHAPITRE XVIII

Les femmes

Ce chapitre sera peut-être plus court qu'il ne devrait l'être de l'avis de certaines personnes ; mais, ce que nous avons dit de l'homme condamné, nous paraît applicable à la femme, car nous regardons comme une erreur, en prison, comme ailleurs, d'établir entre l'esprit de l'homme et celui de la femme des différences essentielles alors que celles qui existent (quand il en existe) ne sont point de qualité, mais de quantité.

On dit et on répète que, quand une femme devient criminelle, elle est pire que n'importe quel homme. Ce n'est pas vrai. Il n'y a pas de femme qui surpasse en perversité les grands criminels, et celles qui en arrivent à un degré qu'atteignent bien des hommes, sont fort rares. — Ce qui est vrai c'est que pour les juger, l'opinion publique a son influence et, comme la répulsion qu'inspire une femme sanguinaire est plus fâcheuse que celle produite par un homme dans les mêmes conditions, nous mesurons le degré de perversité à l'horreur qu'il inspire.

Il y a dans les prisons des femmes qui ont commis de grands crimes, mais en général elles n'enfreignent les lois qu'avec beaucoup moins de gravité, et leurs récidives sont moins nombreuses que celles de l'homme. Les coutumes, les lois, le genre de vie, la nature même concentrent l'existence de la femme dans la famille et tout naturellement c'est dans le milieu où elle vit qu'elle commet les fautes ou exerce ses mérites. Ses vertus (et c'est le cas le plus ordinaire) sont domestiques, ses grands crimes le sont également.

Cette circonstance est de nature à les faire paraître plus grands qu'ils ne le sont en réalité. Pour une femme qui tue son mari, combien y a-t-il de maris qui tuent leur femme?

Ainsi donc la femme criminelle pourra bien être plus repoussante, mais non pire que l'homme et, en la jugeant, il ne faut pas à la monstruosité de l'acte ajouter une circonstance aggravante tirée de son sexe.

Quand il s'agit de faits graves, toutes circonstances égales et même plus défavorables, la femme récidive moins que l'homme, et si, chez elle, le crime est plus exceptionnel, il semblerait que l'amendement devrait être plus facile; et il le le serait généralement si on employait dans ce but les moyens suffisants pour y parvenir.

L'un de ces moyens, qui l'ignore ? C'est la religion qui a bien plus d'influence sur la femme que sur l'homme. Il ne faut cependant pas s'en exagérer le pouvoir; car elle avait de la religion quand elle a commis sa faute et en commettra d'autres sans cesser d'en avoir.

La religion peut avoir des racines jusqu'au plus profond de l'âme et être cependant impuissante à triompher des mauvaises tentations. La plupart des pécheresses, et même des grandes pécheresses, ne sont point impies, du moins d'une impiété persévérante et elles ne cessent ni de croire ni de pécher. Il convient de s'en souvenir pour ne pas se faire cette illusion qu'une condamnée sera régénérée parce qu'elle aura confessé ses fautes, parce qu'elle les déplore, parce qu'elle se recommande à Dieu, parce qu'elle est assidue aux pratiques religieuses et paraît même une dévote fervente. Quoique son repentir soit sincère, son amendement n'en est point assuré pour cela.

La femme est plus religieuse que l'homme, plus docile, plus résignée, plus sensible, plus impressionnable, plus timide et plus capable de subir l'influence de l'opinion ou d'une autre énergie plus puissante que la sienne; et il en est ainsi, sans que pour cela on ne puisse trouver des cas où l'homme l'égale ou la surpasse dans ces qualités.

Nous considérons comme une erreur la différence psychologique essentielle des sexes, mais cependant une plus grande énergie de certains éléments peut créer des prépondérances qu'il faut considérer, les unes comme des auxiliaires, les autres comme des obstacles pour l'amendement.

La religion ne doit pas dégénérer en fanatisme superstitieux, corrupteur, haineux de la morale, qui — pour l'amour de Dieu, hait tous ceux qui l'invoquent d'une autre façon. — L'amour qui inspire de la haine n'est pas vrai et les grandes fautes ne s'effaçent pas plus par des paroles que les vertus ne se remplacent par des cérémonies. La résignation, si nécessaire, ne doit point dégénérer en apathie incapable de réagir contre la souffrance et impuissante à chercher le remède possible.

La docilité ne doit pas être un servilisme aveugle, mais une obéissance raisonnable.

La sensibilité doit s'équilibrer avec la raison ; le travail avec des distractions convenables, afin de ne pas se transformer en mouvements perturbateurs de l'âme et parfois en accès pathologiques.

La timidité ne doit pas être cette lâcheté qui rend ridicule et impuissant quand on éprouve quelque résistance.

L'impressionnabilité ne doit pas se transformer en inconstance, qui, comme une girouette, tourne suivant une impulsion heureuse ou malheureuse et d'après un conseil bon ou mauvais.

Le respect dû à l'opinion publique doit être un frein qui retient et non une corde qui étrangle.

Quand l'opinion est favorable à la faute, qu'elle rend l'amendement difficile, on n'y ajoute pas foi. Le repentant a le droit de la mépriser, de l'accuser et même de la combattre autant que ses forces le lui permettent.

Les femmes possèdent à un haut degré des qualités qui les rendent accessibles aux bons conseils et aux bons principes ; mais quelquefois ces bons principes et ces bons conseils rencontrent une sorte de vide moral où la voix ne résonne point, où l'énergie ne rencontre aucun point d'appui.

Les hommes coupables sont ou redoutés ou méprisés. Les femmes, en général, appartiennent à cette dernière catégorie, et, bien que ce soit seulement à raison (c'est-à-dire à cause) de leur sexe qu'elles inspirent plus de mépris, ce mépris les abat, les écrase, les anéantit, parfois les pénètre, à ce point qu'elles finissent par se mépriser elles-mêmes, et alors, quand elles ne sont point des prostituées, on peut les considérer comme telles, au point de vue de l'amendement, à cause de leur abjection et du manque de ressort moral. Ces femmes, qui véritablement n'ont plus aucun sexe, parce qu'elles manquent de personnalité, ne sont point l'œuvre de la nature, c'est le produit de la société, une sorte de miroir où elle peut contempler ses erreurs et ses vices : le monde en détourne les yeux et rit, les personnes charitables regardent et pleurent.

Parmi ces femmes moralement anéanties par leur faute et celles du monde, il y a des incurables ; mais, il s'en faut de beaucoup que toutes celles qui le semblent à première vue, le soient en réalité.

Le cynisme, cette fanfaronnade du vice n'est pas toujours un défi à la vertu, ni une raillerie contre elle ; mais seulement le bruit d'éclats de rire pour étouffer de douloureuses voix intérieures, le chant du poltron qui a peur, car, bien souvent, elles redoutent de pénétrer jusqu'au fond de leur âme, parce que, instinctivement, elles comprennent que si elles s'arrêtent de rire, elles se mettront à pleurer. Parmi ces délinquantes, aux habitudes déplorables, quelles sont celles dont on peut encore espérer quelque chose et quelles sont celles dont il faut désespérer ?

Nous ne croyons pas qu'on puisse tracer de règles certaines pour un classement, toujours œuvre d'expérience et d'une patience à toute épreuve.

Il ne faut pas se scandaliser des obscénités ou des blasphèmes, ce serait une raison pour qu'elles se mettent à les répéter. De même que les enfants ont un goût spécial à jouer, à faire peur, de même les cyniques s'amusent à épouvanter les honnêtes gens avec leur langage grossier. C'est la faiblesse qui se donne l'illusion de la force. Le cynique qui s'aperçoit qu'il ne fait plus d'effet, cesse de l'être ; ou bien, ne l'est plus qu'à un bien moindre degré, et chez une femme insolente qui modifie sa façon de s'exprimer, ce changement est l'indice d'un autre changement, dans sa manière de sentir et de penser ; et, si du cynisme elle passe à l'hypocrisie, cette hypocrisie est elle-même un progrès ; tant ces malheureuses créatures sont en retard dans la voie du bien!

L'ostentation de cynisme manque d'attrait quand il n'y a pas scandale et comme, pour qu'il y ait scandale, il faut un auditoire, la condamnée en cellule s'exprime rarement à *dessein* avec impudeur. Nous disons à *dessein*, parce que même, sans vouloir offenser ni faire parade de son abjection, elle peut la révéler dans son langage par l'habitude de parler mal. C'est du moins en Espagne une exception fort rare que de voir une prisonnière (même très corrompue) parler grossièrement au visiteur qui lui montre de la compassion. Ce contraste monstrueux se voit plutôt dans certains hôpitaux spéciaux que dans les prisons.

Il est toujours de grande importance de rechercher les antécédents d'un prisonnier, mais il est encore plus indispensable de les rechercher quand il s'agit d'une femme, et que cette femme est vicieuse ; car, il importe de rechercher comment elle s'est perdue. Que de différences à faire entre celle qui spontanément a quitté une famille honorable, qu'elle couvre de honte ; celle qui cède à la séduction d'un homme qu'elle aime, qui la trompe, et l'abandonne ensuite ; celle qui, poussée par la faim cherche son pain dans l'ignominie; celle qui, tout enfant, se voit prise dans le piège que la convoitise tend à l'innocence abandonnée, pour la livrer à la luxure; celle qui entre dans une maison qu'elle croit honorable et à l'entrée de laquelle on devrait graver les paroles que Dante place à la porte de l'enfer !

La vie qu'a menée la condamnée, devenue une femme perdue, peut indiquer le plus ou moins de probabilité qu'il peut y avoir qu'elle n'y retournera pas. Quelle qu'ait été cette existence, que la misère ou le caractère pervers y ait eu plus ou moins de part, le mal peut être tellement grave qu'il laisse peu d'espoir d'y remédier; mais, en général, quand l'initiative mauvaise est venue du dehors, le cas n'est pas aussi désespéré que quand elle est venue du dedans.

Pour la régénération de la condamnée déshonnête l'obstacle principal est moins dans la faute commise que dans le vice, ce n'est point la forte impulsion, cause de la faute qui importe, mais bien la faiblesse de résistance, l'atonie, le marasme, le manque de ressort et de points d'appui; c'est au moral, ce qu'au physique les médecins expriment quand ils disent d'un malade, *qu'il n'y a plus de sujet*. Pour l'observateur attentif ce qui le frappe le plus ce n'est pas le manque de moralité, c'est le manque de personnalité, et il semble qu'il s'agisse plutôt de *refaire* la personne que de lui imprimer une direction. Contre une anémie de ce genre, on doit employer tous les toniques religieux, moraux et intellectuels : le travail, la distraction et la consolation, en ayant bien soin de ne donner qu'à petites doses tout ce qui a besoin d'effort pour être assimilé.

La religion doit être espérance ; la morale ne doit avoir qu'une sévérité relative, on ne doit pas exiger de grands efforts d'intelligence, le travail ne doit pas être accablant, ni les distractions excitantes ; enfin, en un mot, il faut *exercer la force tout en l'économisant*.

Quand ces malheureuses consentent à travailler et qu'elles savent suffisamment raisonner pour se diriger dans le monde, elles sont probablement sauvées ; mais la fragilité de ce sauvetage vient de ce qu'elles ont perdu le goût du travail et la boussole de la vie. On pourrait traiter leur régénération de *conditionnelle*, parce que pour durer il lui faut un milieu approprié et qu'elle ne résiste guère aux tentations et aux excitations du monde.

Si la condition de l'homme au sortir de la prison est déjà très mauvaise, celle de la femme est bien pire. Plus méprisée que lui, elle est plus tentée que lui ; il est obligé de payer le vice ; elle, le fait payer ; on ne croit point à son repentir, ou bien on le considère comme impuissant à laver sa flétrissure ; d'autres fois, elle ne trouve à manger du pain que dans l'ignominie ; elle mange et se noie à jamais.

Ceux mêmes, qui obtiennent dans le vice des victoires à bon marché, accusent encore la femme, sans se douter qu'il y a plus de mérite dans certaines résistances insuffisantes que dans bien des triomphes faciles.

La femme affaiblie par le désordre, victime d'une société qui l'incite au mal et l'en punit quand elle l'a fait; qui la pousse à nouveau à commettre d'autres fautes, la femme retombera encore si la charité ne lui tend pas la main et ne la soutient pas quand elle sortira de prison, alors même qu'on l'y aurait déjà éclairée et fortifiée.

C'est surtout dans ces cas que les visites n'auraient que peu d'utilité sans le patronage. A part les femmes de mœurs tout à fait dépravées qui opposent des difficultés spéciales, nous pensons que la visiteuse d'une prison rencontrera moins d'obstacles à vaincre que le visiteur.

Il sera fort rare, en effet, que la prisonnière mette en doute la bonne volonté de la dame qui la visite et, tout en n'étant pas sincère avec elle, elle ne sera ni défiante, ni soupçonneuse; la confiance qu'il est si difficile d'inspirer à l'homme s'obtient de suite de la femme, en règle générale du moins.

La religion aura bien bien plus d'effet, non seulement parce que la prisonnière y est plus accessible; mais aussi, parce que la visiteuse l'est également. La prière peut réunir ces deux femmes que tant de choses séparent et on ne se doute pas quelles influences il peut y avoir dans le fait de s'unir dans un sentiment commun. L'habitude de la souffrance, ordinaire à la femme, sa patience et sa docilité plus grandes, la prédisposent à la résignation et, avec elle, au calme nécessaire pour accueillir des influences bienfaisantes que la révolte rend difficiles et même impossibles.

Ces avantages ont une grande importance. Dans le trouble impétueux du désespoir on n'entend plus rien, on ne peut rien retenir ou l'on dédaigne les encouragements ; or, celui qui donne un conseil a besoin de rencontrer un esprit tranquille qui écoute, qui prenne de bonnes résolutions, qui ouvre son cœur à l'espérance et ne se dépense pas en efforts inutiles contre l'inéluctable réalité.

Cette réalité extérieure, que la prisonnière accepte, peut être influencée extérieurement par des souvenirs, des espérances que la faute ne détruit jamais complètement et par les leçons de la souffrance ; car la souffrance est une grande maîtresse, quand elle n'est pas un bourreau qui tourmente.

Que d'erreurs ne combat-elle pas, que d'illusions ne dissipe-t-elle pas, comme elle met en évidence le néant de choses qui paraissent terrifiantes et que de faiblesses et de forces inconnues elle révèle !

La souffrance résignée, fréquente chez la femme malheureuse, peut tout cela. La nature qui lui a dit : Tu souffriras plus que l'homme lui a donné plus d'aptitude à la souffrance, et que cette souffrance soit la conséquence du malheur ou de la faute, elle conserve toujours sa prédisposition à s'y résigner.

Les liens qui l'unissent à la famille, quand la faute ne les a pas ' 'sés, sont si forts chez la femme, que parfois ni le ⋅ ⋅ ⋅, ni la captivité, ni le mépris, rien enfin ne sau... les arracher de son cœur; et, au milieu de cette pourriture morale, il reste certains sentiments purs, tels l'amour filial, l'amour maternel surtout, qui peuvent servir de levier pour soulever l'énergie de son esprit.

L'impressionnalité et la sensibilité débordantes ou mal dirigées, qui ont pu être la cause de grands égarements peuvent servir à l'amendement; car rien ne le rend aussi difficile que l'insensibilité d'un esprit endurci et impénétrable; l'erreur semble s'y incruster et s'y incorporer pour ne former qu'un seul tout.

Cette situation d'esprit est rare chez la femme accessible généralement aux manifestations de la bienfaisance ; elles pourront être plus ou moins efficaces et même n'avoir aucune efficacité, mais du moins on ne leur ferme pas l'entrée, et l'important c'est d'entrer.

La *raison*, c'est la raison pour tout le monde : deux et deux font quatre pour l'homme, comme pour la femme, et il serait absurde d'employer des raisonnements applicables à elle seule, et d'avoir une logique masculine et une autre féminine; mais une prison n'est pas une académie, la raison ne va pas directement au discours; elle rencontre sur sa route des passions, des vices, des obstacles de toutes sortes et c'est quand on cherche à les franchir qu'on peut davantage avoir recours au sentiment, quand il s'agit de la femme, et qu'il faut, (pourrions-nous dire) *se servir du cœur pour entrer dans la tête.*

Mais il faut pénétrer dans la tête, ne l'oublions pas! l'impulsion du cœur peut aider, mais ne saurait remplacer la persuasion ; et les résolutions auxquelles l'entendement ne prend aucune part se trouvent à la merci d'une force perturbatrice quelconque. Les prisonnières ne sont ni des philosophes, ni des savantes, nous le savons bien ; mais, en général, elles ont la raison suffisante pour comprendre les choses nécessaires, et on doit leur enseigner ce qu'elles peuvent comprendre et ce qui peut leur convenir. L'amendement, par le sentiment seul, est possible ; mais ordinairement il ne sera pas solide et restera exposé aux velléités, aux intermittences et aux égarements de tout ce qui n'est pas raisonnable. Que dirait-on d'un général, qui, en face d'un ennemi formidable, au lieu de combattre avec toutes les forces dont il dispose, n'en conduirait qu'une partie à la bataille et laisserait le reste dans l'inaction ? Eh bien, ceux qui ne recherchent l'amendement d'une prisonnière que par le sentiment, quand on doit y employer toutes ses facultés, (et plût à Dieu qu'elles y pussent suffire), agirait comme le général.

Suffit-il que la prisonnière prie ? Suffit-il qu'elle

aime? Non. En priant et en aimant elle a commis ses fautes probablement parce qu'elle a raisonné peu ou mal. Pour qu'elle ne commette plus de délits ou de crimes il faut non pas mutiler, mais au contraire compléter l'ensemble de toutes les facultés qui peuvent soutenir son équilibre moral. Quel est celui qui, ayant observé des femmes repentantes ne les a pas vues récidiver pour n'avoir eu d'autre appui que le sentiment, et lorsqu'il leur a manqué *une protection* qui pût suppléer à leur raison atrophiée par l'inaction et l'ignorance?

On doit donner au *prisonnier* le genre d'instruction qui lui convient et on n'apprendrait à la *prisonnière* que les travaux de son sexe? Ce serait une grave erreur, et la visiteuse s'efforcera de lui apprendre, autant que les circonstances le permettront, tout ce qui peut fortifier son âme, parce que chez la femme comme chez l'homme il n'y a de *bon* que ce qui est *solide* et que *toutes* les facultés de l'esprit ont concouru à former. Puisque jusqu'à présent on estime si peu la *femme honnête*, pourquoi attacherait-on de l'importance à la *femme prisonnière*? Moins redoutée que l'homme, à cause de sa perversité moindre et moins fréquente, elle a été plus abandonnée, à ce point que parmi les progrès de la science pénitentiaire et dans un petit nombre de pays, bien peu la concernaient pratiquement.

Nous avons vu avec une véritable satisfaction un

signe de progrès accompli dans ces hauteurs intellectuelles et morales où les lumières qu'on y allume se voient de très loin. Le *Conseil de la société générale des Prisons* (en France), voulant contribuer à ce que le futur congrès pénitentiaire international de Paris se prépare d'une manière solide, méthodique et brillante, a pris une initiative digne d'éloge.

Sans négliger de traiter les questions que signalera la commission permanente de Berne, il compte présenter au congrès un vaste inventaire des institutions et des établissements pénitentiaires français. Dans ce but il a constitué huit commissions qui se partagent le travail sur les différentes questions que soulèvent la théorie et la pratique de l'application des peines.

Parmi ces commissions il y en a une qui s'occupera exclusivement *de la femme* et cette innovation est un nouveau titre à ajouter à ceux que possède déjà la *société générale des prisons* au respect des penseurs et à la gratitude des prisonniers.

Il serait à désirer que la visiteuse des prisonnières ne se trouve point partager le dédain qu'inspirent à bien des hommes les personnes de l'autre sexe, au point de vue intellectuel.

La prisonnière, malgré tout ce qui pèse sur elle et l'écrase, est un être raisonnable et sensible et nous pourrions prendre pour elle, comme règle : *ni tout par la raison, ni rien sans la raison.*

CHAPITRE XIX

Doit-on faire des cadeaux aux prisonniers ?

Quand les règlements et les directeurs de prison y consentent, le visiteur peut-il faire quelques cadeaux au prisonnier ? Une sévérité austère répondra négativement en alléguant que l'intérêt stimulera l'hypocrisie et que le visiteur sera mieux reçu pour les objets qu'il apportera que pour les conseils qu'il vient donner.

Le prisonnier reçoit le visiteur par intérêt, non par abnégation ; celui-ci le sait, mais il doit savoir aussi qu'il en est de même partout où l'on n'est pas aimé, c'est-à-dire à peu près partout.

La majeure partie des visites est tellement insignifiante qu'on les remplace très bien par un bout de carton portant le nom de celui qui les fait, souvent même on est heureux de ne pas rencontrer ceux à qui on rend visite, ou bien on est fort aise d'être absent quand les autres viennent vous voir. Ces visites, de forme, sont souvent intéressées ; on va voir telle ou telle personne parce qu'elle peut être utile ou parce qu'on la redoute ; on va chez telle autre, parce que son intimité flatte la vanité et le plus souvent parce qu'il *convient* de ne pas rester isolé.

Le visiteur qui ne se fait aucune illusion comprend donc que là où il ne rencontre pas d'affections, on le reçoit comme le fait le prisonnier, c'est-à-dire avec indifférence ou dans un but intéressé.

Si donc l'intérêt personnel est un si grand moteur des actions humaines, s'il n'est pas absolument mauvais, contenu dans de certaines limites, doit-on s'étonner que dans les prisons il soit plus fort et plus grossier dans sa forme ?

Le prisonnier a, comme tout le monde, des intérêts légitimes et d'autres qui le sont moins ; des désirs raisonnables ou désordonnés, qui parfois même seront puérils. Il accepte la visite de l'homme charitable parce qu'il en espère quelque bien ; il n'y a pas de mal à cela, mais si, au lieu de protection pour l'avenir ou d'un bon conseil, il demande un cigare, faudra-t-il par hasard, le frapper de la réprobation que s'attire l'hypocrisie intéressée et grossière ? Nous ne prétendons pas qu'il faille donner du tabac au prisonnier, mais nous ne voulons pas non plus qu'on le mette hors la loi de l'humanité, parce qu'il sera intéressé comme elle.

La protection qu'il demande pour l'avenir et le désir de quelque jouissance présente ont la même origine, et si on ne se prête pas à son désir, rien que parce qu'il est intéressé, il ne faut pas l'en condamner ni regarder ce fait comme une preuve ni un indice de perversité hypocrite.

Il y a des gens qui critiquent et même tournent en ridicule qu'on permette à un prisonnier d'avoir dans sa cellule un oiseau, un tableau, un pot de fleurs, etc., etc. Ces objets lui forment une espèce de compagnie et une consolation propre à le moraliser. Un oiseau, une fleur peuvent servir à moraliser, dira-t-on ?

Parfaitement. Cet homme est en prison pour plusieurs causes, mais l'une de celles qui y contribuent le plus souvent, c'est la grossièreté et la dépravation des goûts; tout ce qui pourra contribuer à les épurer aura de l'influence sur son amendement. Le petit oiseau, prisonnier comme lui, qui piaule tristement, qui chante joyeux ou résigné, qui vient manger dans sa main, qui ne le craint pas, qui l'aime ; cette fleur qui pousse grâce à ses soins, qui embellit et parfume son cachot, comme si elle s'épanouissait dans un palais; ce tableau, qui représente un héros, l'abnégation d'un philanthrope ou la douleur d'une mère les bras tendus vers le fils coupable qui lui a enlevé la force armée ; ces objets vus tous les jours et à toute heure du jour font impression ou du moins peuvent faire impression sur l'esprit et contribuer à le relever. Si l'on trouve que fournir aux prisonniers une distraction, est une complaisance excessive, nous dirons que ce qui est excessif d'autre part, c'est de les mortifier sans raison et sans but, parce que toute mortification qui n'est pas nécessaire est plutôt préjudiciable ; de même que toute satisfaction d'un goût qui est sain est morale à un haut degré. Si le visiteur se rend bien compte que là est la vérité, il y trouvera les règles pour les cas où il pourra faire quelque présent au prisonnier. Surtout rien qui flatte, excite les sens ou procure une jouissance purement matérielle, à moins que le prisonnier ne manque du nécessaire absolu, comme cela arrive encore dans certaines prisons.

Dans ce cas, la charité peut y pourvoir, et, s'il est malade et sans appétit, lui faire parvenir quelques aliments qui ne lui répugnent pas. Il sera très rare qu'il ne se montre pas plus ou moins reconnaissant de ces bienfaits et bien qu'ils ne s'adressent point à l'esprit, ils peuvent cependant produire en lui l'influence moralisatrice de la gratitude. Partant de ces régles générales, ce sont les circonstances particulières qui indiqueront l'objet qui convient le mieux au prisonnier parmi celles qui lui plaisent, car il sera fort opportun de lui laisser le choix, à moins qu'on ne veuille lui faire une surprise à l'occasion de la fête d'une personne aimée et lui faire cadeau d'un objet qu'il puisse ensuite lui offrir.

Lorsque, en faisant un cadeau au prisonnier on lui donnera à choisir entre plusieurs objets, son choix pourra quelque peu servir et souvent même beaucoup à faire connaître l'état de son esprit, et, suivant l'indication, on s'efforcera de lui donner ce qui lui convient le mieux.

On dit : le style c'est l'homme, et si c'est vrai, ce ne l'est que pour ceux qui ont du style, pour les gens de lettres ; mais, on pourrait dire avec plus de justesse que le *goût c'est l'homme* et faisant une variante au dicton populaire : *Dis-moi qui tu hantes* et je te dirai qui *tu es*, dire plutôt : Dis-moi ce que *tu aimes*, je te dirai ce que *tu es*. Cette espèce de sondage dans l'esprit du prisonnier peut rendre d'autant plus de service, que lui, ne se méfie pas de cette exploration et qu'il ne la soupçonne même pas.

Comme la science pénitentiaire est encore dans l'enfance et que ni l'opinion publique, ni les arts ne lui prêtent un concours nécessaire en lui fournissant des livres ou des estampes qu'on puisse donner au prisonnier, on aura sur ce point quelques difficultés.

Le dessin, la gravure, les images, sont non seulement au service de la religion, mais aussi de la superstition, de la vanité puérile, mais encore de l'obscénité et de la luxure et on ne fait rien qu'on puisse laisser continuellement sous les yeux du prisonnier.

Comme chrétien, il pourra avoir un crucifix ; comme homme et comme patriote, un tableau qui représente la mort d'un héros ou d'un philanthrope ; mais, comme prisonnier, il n'a rien et il pourrait avoir beaucoup. Que de pieux sujets qui pourraient agir sur son esprit, tels que, par exemple, Miss Carpenter enseignant et consolant les prisonniers de Londres; Howard visitant toutes les prisons de l'Europe et mourant victime de sa charité ; Jennings bravant les tempêtes sur mer pour aller soulager les prisonniers et soigner dans la prison des fièvres dont il fut victime; Saint-Vincent-de-Paul s'asseyant sur les bancs des galères pour donner un peu de repos au forçat harassé de fatigue.

L'*Album du prisonnier*, livre dans lequel pourraient lire tous les prisonniers du monde est une entreprise relativement facile si on l'entreprenait avec foi.

Pour y parvenir, il nous vient à la pensée bien des noms, les uns de personnes mortes, hélas ! les autres, de gens encore vivants qui ont accepté le pieux héritage du pardon pour les coupables et de la compassion pour les malheureux.

Que parmi ces pieux héritiers on suscite une coopération internationale; un concours, plusieurs concours successifs avec des prix offerts pour les tableaux, les gravures les plus propres à être placées dans les cellules d'une prison ou figurer dans l'*album du prisonnier*.

Jusqu'à ce que le visiteur du prisonnier rencontre la coopération sociale qui lui est due, il faut qu'il utilise les moyens dont il peut disposer actuellement et qu'il cherche les objets qu'il peut apporter en cadeau au prisonnier ; que même il les sollicite de la charité des personnes compatissantes et éclairées qui comprennent l'*aumône spirituelle* ; car un objet insignifiant et de peu de valeur, qui distrait d'un ennui douloureux et dangereux, qui réveille une bonne pensée endormie et excite la gratitude peut devenir une *aumône spirituelle*.

Comme nous l'avons déjà dit, bien des choses qu'on n'estime guère ou pas du tout, en état de liberté, acquièrent une valeur pour le prisonnier. L'industrie fait aujourd'hui des prodiges de génie et de bon marché, de sorte que les cadeaux qu'on peut faire au prisonnier exigent plus de sollicitude et de tact que d'argent.

Nous répétons encore que la crainte d'inspirer des mouvements intéressés par ces petits présents n'a aucun fondement, parce qu'un intérêt semblable ne saurait être dangereux ni par la qualité, ni par la quantité.

L'amoureux ne s'orne-t-il pas pour se rendre intéressant et tout le monde pour se rendre agréable ?

Quel mal peut-il y avoir à ce que le visiteur se pare aussi avec les bonnes impressions qu'il produit afin d'être reçu d'une façon plus cordiale ?

CHAPITRE XX

La visite aux accusés

La loi tient l'accusé pour *suspect* jusqu'à ce que les tribunaux le condamnent ou l'absolvent. Le visiteur doit-il avoir le même criterium que la loi et condamner ou absoudre avec elle et ne pas se former un jugement jusqu'à ce que le juge ait rendu le sien? — Cela semble le plus facile ; mais cela n'est pas ce qu'il y a de plus pratique, ni même de possible, parce que l'homme charitable, bien que toujours patient, ne peut jamais rester *passif*, et pour son son action il lui faut des règles et un criterium qui n'attend point, qui ne peut attendre la solution donnée par le magistrat. Ce criterium peut causer de grands doutes et susciter de graves cas de conscience. Le visiteur peut être convaincu :

1° Que l'accusé est coupable ;

2° Que l'accusé n'est pas l'auteur du fait qu'on lui impute ;

3° Qu'il est l'auteur du fait, mais que ce fait,

moralement considéré, ne devrait être qualifié ni crime ni délit;

4° Que le fait étant même mauvais et répréhensible à un haut degré, il reste impuni dans le plus grand nombre des cas;

5° Que le délit, même certain, est frappé d'une peine qui n'est pas en rapport avec sa gravité;

6° Que la peine, à cause du mauvais état des prisons, est dépravante et perd pour toujours celui qui, sans elle, pourrait se sauver.

La conduite du visiteur doit-elle être la même dans ces diverses hypothèses?

On sait bien quelle est la préoccupation principale de l'accusé: c'est l'état de son procès; et il ne fera aucun cas de ce qui ne s'y rapportera pas, ou ne l'écoutera qu'avec indifférence, et dans le visiteur, au lieu d'un conseiller et d'un protecteur pour l'avenir, il ne verra qu'un agent et un protecteur du moment présent pour faire reconnaître son innocence ou dissimuler son délit.

1° Dans le premier cas que nous avons supposé, c'est-à-dire que le visiteur est convaincu que le prisonnier est un criminel, doit-il suivre l'exemple de l'avocat défenseur qui s'efforce de prouver l'innocence de son client, demande l'absolution d'un assassin et considère comme un grand triomphe de l'avoir obtenu de juges ou de jurés indignes ou incapables?

Demander l'impunité comme avocat pour celui

qu'on condamnerait comme juge; mettre l'amour-propre à la place de la justice ne sont pas des exemples que le visiteur doive prendre comme modèles. La compassion, qui, pour favoriser le criminel dangereux, sacrifierait ses futures victimes, serait mal entendue; car, il est vraisemblable que le cruel et pervers impuni, un jour deviendra un récidiviste et, en tous cas, il est certain que son impunité est un excitant pour ceux qui sont tentés de l'imiter. La faveur qu'on fait à un criminel en lui épargnant une peine méritée est ordinairement plus apparente que réelle, parce que en se voyant impuni, il se trouvera poussé à récidiver, à combler la mesure de toute tolérance judiciare et à tomber dans l'abîme pénal dont personne ne le pourra sortir.

Le visiteur de cette classe de prisonniers ne doit pas se constituer leur agent d'affaires, et, s'ils lui demandent de l'être, il doit s'excuser sur l'impossibilité de le faire, ce que du reste l'accusé prendra probablement pour de l'incapacité en voyant que, pour le reste, le visiteur est disposé à lui prêter appui et consolation, que sa patience est à toute épreuve et que sa douceur défie toutes les insolences.

Le visiteur de l'accusé ne doit pas chercher à exercer sur lui, une influence de longue durée; celle qu'on peut avoir est toute du moment et essentiellement calmante sur un esprit encore excité par les causes qui ont motivé le délit; par les hasards de la procédure criminelle; par les désillusions d'un malheur flétrissant; par des haines injustes ou motivées mais bien cruelles; par l'indignation de l'innocence ou la honte du forfait commis; par le souvenir de la liberté et les tourments de la captivité; s'il a de la famille, par le mal qu'il lui cause et par son absence; s'il n'en a pas ou ne l'aime pas, par la froideur lugubre du vide; s'il a de l'honneur, parce qu'il le perd; s'il n'en a pas, par la douleur que cause le mépris; et enfin, par cette alternative agitante de la crainte et de l'espérance, toujours perturbatrice de l'esprit, quoiqu'elle varie en forme et en intensité suivant la condition de celui qui passe de la crainte à l'espérance.

Il y a dans les prisons des accusés tranquilles, par l'habitude qu'ils ont de s'y trouver ou pour d'autres causes; mais quand cette tranquillité existe et n'est pas seulement de pure apparence, quand elle n'est pas la forme la plus à craindre, c'est-à-dire celle du désespoir, elle est tout à fait exceptionnelle. D'ordinaire, l'accusé est agité, qu'il le paraisse ou non, et l'action principale du visiteur doit être calmante. L'accusé qui a une famille et s'en préoccupe tire une grande consolation de la protection qu'on donne aux siens. Celui qui ne pense qu'à lui quand il se désespère est plus difficile à calmer; l'égoïsme ne laisse qu'un chemin à l'esprit et quand il se ferme, l'homme semble inaccessible. Cela est commun aux accusés comme aux condamnés et à tous les grands égoïstes qui souffrent sans se résigner.

2° Quand le prisonnier n'est pas l'auteur du

fait qu'on lui impute (de l'avis du visiteur), celui-ci doit non seulement lui donner la consolation qu'il y a quelqu'un qui croit à son innocence, mais encore s'efforcer de la faire triompher en lui donnant des conseils, en les demandant aux personnes compétentes et en employant dans ce but toute l'influence dont il peut honnêtement disposer.

Il y a peu de malheurs aussi dignes de compassion que celui d'un innocent emprisonné qui, pour une faute supposée, commence à endurer une punition ignominieuse et est affligé par la pensée que sa réputation vient de recevoir une tache qui ne s'effacera peut-être jamais.

Il s'est commis un délit, quelqu'un en est l'auteur, et le juge est porté à croire que c'est l'accusé, et à prouver non son innocence, mais sa culpabilité. Cette tendance n'est pas seulement celle de celui qui applique la loi et de ses auxiliaires, mais encore celle du public. L'accusé la voit, et, plus il sera honnête, plus il se sentira opprimé par l'idée du déshonneur; et, si ceux qu'il aime partagent cette idée, il faut, pour que la douleur ne l'écrase pas, que la charité facilite l'œuvre de la Justice, l'anticipe même en absolvant et en préparant l'absolution de celui qui n'est pas coupable. Le jugement, dans quelques pays, se fait longtemps attendre et la liberté sous caution, qu'obtiennent des coupables qui ont une certaine position, est refusée à l'innocent délaissé. Si le visiteur peut la lui obtenir, il lui donnera une grande consolation et lui rendra parfois la santé, l'honneur, la vertu ou la vie, car souvent celui qui la perd en prison est celui qui n'aurait pas dû y venir.

3° Le prisonnier est l'auteur du fait qu'on lui impute, mais d'un fait qui ne devrait raisonnablement pas tomber sous le coup de la loi : alors le visiteur fera tout son possible pour le faire acquitter. Les délits de contrebande, par exemple, ne sont point l'œuvre de la perversion du délinquant, mais bien de l'absurdité des lois qui n'atteignent que les infractions subalternes, et le juge qui envoie le contrebandier en prison signe peut-être la sentence en fumant du tabac qui est et qu'il sait être du tabac de contrebande (1).

4° L'action dont on accuse le prisonnier peut être certaine et mauvaise à un haut degré, mais de celles qui restent généralement impunies et devraient le rester nécessairement sans qu'il fût même possible de les poursuivre.

L'accusé d'adultère peut avoir des circonstances atténuantes dans sa conduite que n'a peut-être pas le juge qui signe l'ordre d'arrestation, et bien de ces ordres ne seraient pas donnés si, pour jeter cette première pierre, il fallait n'avoir point péché.

Lorsque le fait ne peut être prouvé dans la majeure partie des espèces, lorsque de la preuve il sortira un scandale et un mal plus grand qu'on

(1) Historique.

ne poursuivait pas, lorsque la loi absout un condamné suivant la personne qui enfreint, et ne poursuit que sur la demande de l'offensé qui parfois tolère et même exploite le vice et d'autres fois en fait un délit, la raison ne peut accepter cette qualification et la conscience, tout en condamnant le fait, proteste contre une peine qui s'inflige rarement, non aux plus coupables, mais seulement aux plus malheureux. Le visiteur, en détestant leur péché, en les en reprenant sévèrement et en tâchant de les corriger, doit faire le possible pour les soustraire à l'injustice de la loi.

5° Il arrive, et souvent malheureusement, que le délit est frappé d'une peine peu en rapport avec sa gravité; ou bien qu'on punit comme délinquant des gens honnêtes, comme cela arrive dans les délits qualifiés de politiques ou militaires. Dans plusieurs de ces cas, l'impunité, plutôt que l'application de la loi, est encore de la justice et le visiteur s'efforcera de l'obtenir.

6° La peine peut être proportionnée et le délit certain, mais peu grave, et s'il est vrai que les prisons endurcissent et dépravent, comme on n'a pas le droit de conduire, par force, un homme qui n'est pas dangereux dans un séjour où il s'endurcira, se dépravera et deviendra dangereux, le visiteur fera œuvre de justice en cherchant à soustraire l'accusé à la peine corruptrice.

Peut-être qualifiera-t-on d'audace blâmable le

conseil que nous donnons au visiteur d'aider de sa protection, dans un grand nombre de cas, ceux que poursuit la loi en substituant sa manière de voir à celle du législateur. Nous répondrons que généralement le législateur est en retard dans les voies de la justice ; qu'il porte avec lui les impédiments de l'ignorance, de la passion, d'intérêts et de ridicules vanités, qu'il voit bien loin devant lui ceux qui sentent mieux et voient plus clair que lui : les législateurs de l'avenir.

Les lois obligent en conscience si leurs commandements ne sont pas contraires à la conscience ; mais s'ils y sont opposés, l'homme honnête doit préférer la conscience aux préceptes légaux.

Quand l'esprit n'est troublé par aucun intérêt, par aucune passion et, en cas de doute, demande conseil à celui qui peut le lui donner sain ; quand la charité fait agir sans précipitation, quand on voit la loi pénale en action comme les juges et les législateurs la voient rarement, celui qui se trouve dans cette situation, possède toutes les probabilités de juger avec justice.

Tout cet appareil de toges, d'uniformes, d'armes, de verroux, de murailles, ne lui en imposent pas. Le droit pourra s'y trouver, ou ne pas s'y trouver, mais lorsqu'il verra clairement et sentira profondément que le droit est absent, personne ne saura l'accuser raisonnablement, s'il écoute la voix de sa conscience plutôt que celle du juge d'instruction.

CHAPITRE XXI

Les employés

Les employés de prison hostiles ou bienveillants pourront rendre plus facile ou plus difficile la mission du visiteur. Suivant les pays, suivant l'organisation des prisons, suivant les idées et les sentiments, le visiteur sera considéré :

1° Comme un auxiliaire ;

2° Comme un intrus, quelque peu espion, qui trouble l'ordre dans la prison et la discrédite au dehors par des rapports faux ou exagérés ;

3° Comme un visionnaire qui croit naïvement tout ce que lui disent les prisonniers ; qui se laisse tromper par eux et se fait l'illusion qu'il pourra arriver à les corriger. De ces différentes dispositions, résulte : sympathie, hostilité ou dédain.

Le visiteur est disposé à tolérer les impertinences, les extravagances, les grossièretés, les injustices du prisonnier ; il ne marchande pas ce privilège au malheur, non plus que la tolérance pour des fautes qu'il examine attentivement afin de calculer les difficultés qu'il y aura pour corriger un coupable.

Mais doit-il aussi exercer son humilité, sa douceur et sa patience avec les employés qui, eux, ont tous les droits des autres hommes ; qui ne sont pas sous le coup de la loi pénale et ne peuvent alléguer les douleurs et les franchises de l'infortune.

Assurément non, et l'employé doit de la considération à celui qui va l'aider dans l'œuvre de la correction du prisonnier. Telle est, en effet, la première pensée qui doit venir à l'esprit ; mais, si on examine bien l'employé de prison, on verra qu'il ne se trouve pas dans les mêmes circonstances normales que les autres homme. Il participe un peu, beaucoup même à la vie du prisonnier par la nécessité de la surveiller constamment.

Son esprit est influencé par la vue continuelle de tant de gens dont la perversité est évidente et dont les bons sentiments n'ont aucun moyen de se manifester.

Il n'a du reste pas le temps de les analyser et sa sensibilité se heurte à l'habitude de voir des malheurs qu'il considère comme mérités et parfaitement irrémédiables.

La raison doit se rendre compte de ce concours de circonstances et la charité doit y trouver des excuses quand l'employé a besoin d'être excusé.

Le visiteur doit se rendre compte de l'énorme différence qu'il y a dans le fait d'aller *volontaire-*

ment passer une heure à visiter des prisonniers et celui de rester par *obligation* toute la vie dans une prison. Il doit considérer que la charité qui le pousse à voir des prisonniers est un préservatif assuré de toute contagion avec lui, préservatif que n'a pas souvent l'employé et, faute duquel, celui-ci même avec un sabre et un revolver, reste moralement faible, passif et exposé à être atteint d'un mal contre lequel il ne peut réagir. Il serait bien téméraire de se dire : A la place de cet homme je serais meilleur que lui.

L'employé qui, par faute de charité ou de l'idée élevée de sa mission, du devoir sacré qu'il a à remplir, n'est pas actif moralement, ne cherche pas à corriger celui qui s'est égaré et à consoler celui qui souffre, celui-là finira par s'endurcir et se pervertir.

Quand les employés ne cherchent pas à moraliser les détenus, les détenus démoralisent les employés qui deviennent ainsi pires que la généralité des hommes. Ceci montre déjà au visiteur la nécessité de la tolérance.

Nous avons signalé comme circonstance atténuante des fautes des employés, la nécessité pour eux d'être toujours dans la prison et il importe d'y insister.

Dans la plupart des prisons, pour que les règlements soient suivis avec régularité, l'employé n'a souvent pas le temps de prendre le repos *physiologique* indispensable.

Dans certains pénitenciers mieux organisés, il l'a peut-être, quoique bien insuffisamment pour qu'il soit ce qu'il devrait être; car il ne suffit pas de lui donner le temps de manger, de dormir et de se reposer.

Nous avons souligné le *repos physiologique* parce que l'employé a besoin aussi du *repos psychologique*, c'est-à-dire de quelques occupations, d'un exercice de l'esprit qui le retire de cette atmosphère de perversité et de douleur; qui le fasse participer pendant un temps suffisant, à la vie sociale de l'humanité. Nous comprenons qu'on regardera cela comme impossible; mais il y a bien d'autres choses qu'on regardait aussi comme impossibles et qu'on a réalisées. L'esprit, comme le corps, a besoin de varier ses aliments; or une partie essentielle de son alimentation, c'est le travail; et, quand il est toujours le même, il devient insalubre et malsain. On doit donc faire tout son possible pour qu'il ne le devienne pas. Nous désirons que ce possible se fasse et nous espérons qu'on finira par le faire. Mais comment y arriver? L'organisation et la situation des prisons varient beaucoup suivant les pays, mais on pourrait combiner le travail des employés avec quelques autres occupations qui, en utilisant les employés (dont le nombre devrait être augmenté) leur donnerait le repos de l'esprit par la variété, sans augmenter beaucoup les sacrifices pécuniaires des contribuables.

Quand on voudra bien comprendre (et on y arrive déjà) que, malgré les verroux et les murailles, la mission de l'employé de prison est *essentiellement* spirituelle, ce que nous disons ne paraîtra pas si absurde.

Une autre cause légale de la démoralisation de l'employé, ce sont les punitions corporelles, cruelles et dégradantes.

Comment veut-on que ne s'endurcisse pas et ne s'avilisse pas le gardien qui fait déshabiller un homme, qui préside à la bastonnade ordonnée, qui prend l'avis du médecin pour suspendre le supplice ou pour le continuer quand le condamné aura recouvré les forces qu'il a perdues sous l'influence de la douleur? Quant à nous, nous ne pouvons le concevoir et il nous semble évident que, partout où l'on ordonne ou tolère des châtiments cruels et dégradants, on dégrade et on avilit, en même temps, ceux qu'on charge de les infliger.

On dira que tout cela est affaire d'habitudes et d'opinions. Assurément à cause de l'état de l'opinion publique.

On brûlait jadis des hommes vivants; des anthropophages en mangeaient et en mangent encore; mais partout où les coutumes et les opinions ne repoussent pas certaines peines, ceux qui les appliquent participent plus ou moins à leur cruauté et à leur ignominie et le visiteur ne doit pas faire peser sur eux seuls une responsabilité qui retombe sur tout le monde. La société! mais c'est elle qui torture et qui tue; les bourreaux ne sont que ses instruments et ses représentants. Croit-on qu'ils puissent exécuter *pieusement* des ordres *impies?*

Cela ne peut être, et les mauvaises lois trouveront toujours et formeront toujours des hommes encore pires qu'elles : ceux qui seront chargés de les exécuter.

Nous avons dit que souvent l'employé manque de charité, ce qui nous paraît exact, eu égard à la généralité de ceux qui servent dans toutes les prisons de tous pays; mais, cependant, il y a déjà beaucoup de ces établissements où l'employé est l'*homme nouveau*, le fonctionnaire qui remplit une mission élevée, une sorte de sacerdoce pour lequel il a besoin d'être consacré par la science et la charité.

Dans d'autres, c'est un automate, qui observe les règlements, ce squelette de l'ordre, quand le cœur et la conscience de ceux qui les appliquent ne leur donnent pas la vie.

Enfin, il existe encore l'employé geôlier, sorte de bourreau rapace qui encourage le vice et le crime. Le visiteur rencontrera ou peut rencontrer ces trois sortes d'hommes dans la prison. Il doit un profond respect au premier, de la courtoisie au second, et doit transiger et dissimuler avec le troisième; parce que la protection qui aurait la moindre apparence de censure se retournerait immédiatement contre le protégé.

La différence qui existe entre l'ancien cachot humide où pourrissait le détenu, et la cellule claire, aérée, hygiénique, est la même qui existe entre l'employé nouveau et l'ancien bourreau, et plus grande même encore.

Ce dernier va disparaître complètement, mais tant qu'il existera, le visiteur doit vivre en harmonie avec les employés humains, et en paix avec tous, ce à quoi l'aidera l'idée nette du haut mérite de celui qui accomplit son devoir dans une prison et des circonstances atténuantes qu'on doit accorder à celui qui ne le remplit pas complètement.

Dans un délai plus ou moins éloigné, le *geôlier* disparaîtra et le visiteur et l'employé seront comme deux ouvriers unissant et harmonisant leurs efforts pour la même œuvre. Et c'est logique.

Certes la logique, dans les questions sociales, met ordinairement des années et des siècles avant de passer de la parole à la réalité; mais on sent qu'elle y vient, puisque dans les pays plus civilisés, à tendances plus humanitaires, il y a beaucoup d'employés de cœur et d'intelligence, qui discutent avec succès les questions les plus difficiles et s'unissent au visiteur pour l'amendement du coupable et la consolation du malheureux.

Il y a des magistrats qui, non seulement comme philanthropes, fondent des œuvres de bienfaisance pour prévenir le délit et arrêter la récidive; qui font non seulement partie de patronages, mais encore s'y associent comme juges, en confiant à leur surveillance bien des condamnés qui, au lieu de de la prison qui dégrade et déprave, reçoivent une liberté conditionnelle et une sûre protection.

Il y a des hommes pratiques, hauts fonctionnaires ; des premiers non seulement par le rang qu'ils occupent, mais encore, par l'élévation de leurs idées, comme M. Jacquin, conseiller d'Etat, directeur honoraire au ministère de la justice (France) qui disait : « Il y a un lien intime qui rattache le
« patronage à la mission des tribunaux de répres-
« sion, dont il n'est que la continuation et le pa-
« rachèvement. Poursuivant le même but que les
« magistrats, il est digne de toute leur attention
« et mérite tout leur appui.

« Le législateur a aussi pensé qu'il importait de
« lier l'amendement du coupable à l'idée de la
« répression et de la récidive.

« A ceux qui sont trop portés à penser que la
« magistrature ne se prête que difficilement à
« croire aux résultats pratiques de cette tentative,
« il suffit d'opposer les circulaires du garde des
« sceaux, qui montrent comment à la Chancel-
« lerie on entend associer les magistrats à cette
« œuvre. »

« Les magistrats, dit le garde des sceaux, ne
« doivent pas complètement abandonner les con-
« damnés qui ont été justement frappés sur leurs
« réquisitions; ils peuvent, par leur visites fré-

« quentes dans les prisons, contribuer à la mora-
« lisation des détenus en leur portant des paroles
« d'encouragement, en montrant de l'intérêt à ceux
« qui témoignent le désir de racheter leurs fautes,
« en s'assurant par eux-mêmes de leurs progrès
« dans la voie de l'amendement, et en leur faisant
« comprendre qu'ils trouveront aide et protection
« auprès des représentants de la loi pour l'obten-
« tion de la libération conditionnelle, s'ils savent
« s'en montrer dignes. »

Et plus loin :

« Je verrais avec satisfaction les autorités judi-
« ciaires poursuivre leur mission en continuant à
« porter leur intérêt sur les condamnés repen-
« tants, au sortir même de la prison. Les magis-
« trats peuvent utilement employer leur autorité,
« se servir de leurs relations et user de leur
« influence pour faciliter l'œuvre si généreuse-
« ment entreprise par les sociétés de patronage
« des libérés et prendre, au besoin, l'initiative de
« la constitution de ces sociétés dans les villes où
« il n'en existe pas encore. »

« Ces instructions contenues dans une circu-
« laire du garde des sceaux du 28 juin 1888, indi-
« quent bien qu'aux yeux du ministre les tentati-
« ves à faire pour la réforme et le relèvement mo-
« ral des condamnés font bien partie essentielle de
« l'œuvre des magistrats. »

Nous avons fait cette citation pour qu'elle contribue à fortifier le visiteur dans ses bonnes résolutions, que pourraient ébranler des impossibilités supposées de bonne foi, ou bien ceux qui, de leur égoïsme, font de la prudence, et qualifient d'extravagante toute bonne œuvre difficile à laquelle ils ne veulent pas prendre part.

Ce ne sont pas des penseurs éloignés du monde (qui ne les connaît pas), ni ceux que la foi et l'esprit de charité transforment en illuminés; ce sont aujourd'hui des législateurs, des ministres, de hauts fonctionnaires, des administrateurs, des hommes politiques qui répondent aux appels des gens de cœur qui s'adressent à eux et demandent compassion et pitié à ceux qui ont condamné le coupable et qui, pour le corriger, veulent que le juge joigne ses efforts à ceux du protecteur charitable. Ils ont commencé à unir leurs efforts, ils continueront à les unir chaque jour davantage.

Le visiteur doit rester convaincu que les fins qu'il se propose sont pratiques et reconnues comme telles par les gens d'expérience, que l'intelligence et le sentiment renferment des harmonies qui ont été méconnues et le sont peut-être encore parfois, qu'enfin la compassion défend mieux la société que les verrous de la prison et la hache du bourreau.

Ceux qui conservent l'espoir qu'un jour viendra où la charité et la justice seront confondues sous le même nom, ceux-là sont-ils des *visionnaires* ou des *voyants*? Pourquoi dans maintes pages de ce livre parlons-nous d'abus que le visiteur ne peut corriger; de maux auxquels il ne peut remédier; d'innovations bienfaisantes qu'il ne saurait réaliser? C'est que nous ne voyons pas le visiteur avec sa faiblesse présente; mais avec sa force dans l'avenir; non plus isolé, loin de l'opinion dédaigneuse; mais au contraire, en communication avec des idées l'inspirant pour accomplir la transformation des prisons dont la *réforme* est le préliminaire.

Le visiteur d'aujourd'hui a beaucoup de mérite et peu de pouvoir, nous le savons; ceux qui ne sont pas descendus dans les abîmes sociaux ne se font pas une idée de l'effort qui lui est nécessaire, et son travail ressemble à celui de ces ouvriers qui construisent des fondations sous l'eau; le plus difficile c'est ce qu'on ne voit pas; mais sans le *peu* d'aujourd'hui il n'y aurait pas le *beaucoup* de demain.

Oui, le *beaucoup*, car les grandes abnégations laissent toujours après elles une longue descendance.

Les politiques vivent comme noyés dans le présent et liés à lui : véritables forçats intellectuels. Les penseurs se tournent vers le passé ou vers l'avenir que décore l'espérance de la justice.

Cette alternative est possible quand on se reporte à certaines époques de la vie sociale de jadis; mais, quand il s'agit de prison, le passé ne peut inspirer de sympathie qu'aux bourreaux.

Si les fils généreux des nations qui ont fait de véritables réformes pénitentiaires, franchissaient les limites de leurs frontières, ils s'affligeraient de voir ce qui se passe dans les prisons d'autres pays; surtout, s'ils le voyaient de leurs yeux, dans leurs enceintes mêmes et non pas seulement, comme on les présente dans des rapports officiels, où l'on considère comme du patriotisme de cacher la vérité.

Même, sans franchir les limites des frontières, que n'y a-t-il pas actuellement à déplorer dans tous les pays! N'est-il pas raisonnable de se tourner vers l'avenir, si on réfléchit qu'il y a plus de différence entre l'ancien cachot et la prison moderne bien organisée qu'entre celle-ci et la prison que peut imaginer l'amour le plus pur de l'humanité et de la justice. L'espérance dans l'avenir est consolante, non seulement par cette idée qu'il y aura dans les prisons de l'avenir moins de perversité et moins de pervers; mais aussi parce qu'en y allant moraliser et consoler, les visiteurs se perfectionnent eux-mêmes dans la mesure de leur abnégation. Quand leur nombre sera grand, leur bienfaisante influence sociale sera également grande et les prisonniers, au lieu de rendre mauvais les faibles et de rendre pires les méchants, serviront même à grandir le visiteur.

Celui qui console est consolé, celui qui enseigne s'instruit; celui qui corrige ou aide à se corriger se perfectionne d'autant mieux qu'il y a plus de vertu à le tenter, et la charité fait et fera quelque chose de semblable à ce que réalise la science quand d'un poison elle fait un remède. Quand un jour la société ne sera plus complice d'aucun délit, qu'elle n'infligera plus au coupable que la peine juste et équitable; quand elle lui enverra le visiteur apôtre de l'abnégation, qui console le prisonnier et lui apprend à lutter contre son égoïsme, on entendra alors dans le monde l'écho de la voix divine qui a dit sur la Montagne : *Aimez vos ennemis.*

TABLE DES MATIÈRES

			Pages
CHAPITRES	I	De l'aptitude pour visiter le prisonnier.	9
—	II	Qu'est-ce que le délit ?.	14
—	III	Qu'est-ce que le délinquant ?	19
—	IV	Quel langage doit-on tenir avec le prisonnier ?	30
—	V	Sincérité et prudence	33
—	VI	Influence des idées et des croyances.	38
—	VII	Difficultés que doit surmonter et avantages dont peut profiter le visiteur du prisonnier.	53
—	VIII	Classement	66
—	IX	Généraliser et individualiser	81
—	X	Repentir et amendement	90
—	XI	Chose ou personne.	106
—	XII	Passé, présent et avenir du prisonnier.	121
—	XIII	La famille et les amis du prisonnier .	126
—	XIV	Instruction	133
—	XV	Les bons prisonniers.	147
—	XVI	Les récidivistes.	150
—	XVII	Les condamnés à perpétuité.	162
—	XVIII	Les femmes.	170
—	XIX	Doit-on faire des cadeaux aux prisonniers	185
—	XX	La visite aux accusés.	192
—	XXI	Les employés.	200

ŒUVRE

DES

LIBÉRÉES DE SAINT-LAZARE

FONDÉE EN 1870

Reconnue d'utilité publique par décret du 26 janvier 1885

BUT DE L'ŒUVRE

L'œuvre a pour but de *préserver* la femme en danger de se perdre et de fournir aux *libérées*, sans distinction de culte et de nationalité, les moyens de se *relever*.

L'œuvre ne fait donc pas d'une condamnation la condition indispensable pour obtenir son appui. Elle s'efforce de venir au secours des libérées, de les assister, de leur faciliter le rapatriement dans leurs pays, la réconciliation avec leur famille, les aide à trouver du travail et leur facilite une rentrée dans la vie honnête et laborieuse; par des visites dans les prisons, des conseils, des secours en argent, mais rarement; des vêtements, etc., etc., et sitôt la libération, par le séjour dans les asiles et les démarches de la directrice, de la secrétaire ou des dames patronesses.

Secrétariat

Le Secrétariat est place Dauphine, n° 28, en face de la statue d'Henri IV.

On y reçoit les femmes qui s'y présentent tous les matins de 8 à 11 heures, et les Mardis et les Vendredis toute la journée.

Après une enquête sommaire sur leurs besoins, on s'entend avec elles sur les moyens les plus propres à leur venir en aide.

Il existe au secrétariat un vestiaire où sont recueillis les vêtements, les chaussures, provenant de dons charitables; et aussi les objets confectionnés dans les *groupes des jeunes bienfaitrices de nos asiles.*

Tous ces vêtements servent aux malheureuses qui viennent à nous.

Le Conseil d'administration se réunit une fois par mois, à la mairie du 1er arrondissement.

La Directrice de l'œuvre reçoit le Mardi au Secrétariat, — la Directrice adjointe le Vendredi, — les dames patronnesses viennent également un jour de la semaine.

Visites dans les prisons

L'œuvre ayant été autorisée à faire des visites dans les prisons : St-Lazare, dépôt de la Préfecture de police, Conciergerie et la maison de Nanterre, la Directrice de l'œuvre, la Secrétaire et les Dames désignées s'y rendent à tour de rôle. Les Directeurs de ces maisons, les sœurs et les surveillants indiquent les femmes qui demandent à s'adresser à l'œuvre. Souvent même des Juges d'Instruction et des Présidents de Police correctionnelle ont signalé des prévenues intéressantes.

On peut alors, par des démarches et des correspondances, éviter des condamnations et arriver souvent à réconcilier des libérées avec la famille, un mari ou des enfants.

On peut d'avance prendre les dispositions nécessaires pour procurer soit du travail, soit un rapatriement au pays au moment précis de la libération.

Les Compagnies de chemins de fer accordent des 1/2 places dans ce but.

L'œuvre fait la dépense supplémentaire pour envoyer de la sorte une libérée dans un centre où elle retrouve des sympathies, où sa faute est souvent ignorée ou pardonnée.

Secours en argent

L'œuvre donne rarement des secours en argent. Elle estime que les sommes remises ainsi ne profitent pas et nuisent, au contraire, s'il en est fait un mauvais usage. Elle n'emploie ce moyen que dans les cas absolument urgents; et encore c'est la secrétaire qui le porte elle-même à destination pour en contrôler l'emploi.

Parfois l'œuvre a dû dépenser des sommes d'une certaine importance quand il s'agit d'empêcher la vente d'un mobilier, d'une machine à coudre, d'outils, d'effets, etc., etc., dont la disparition enlève à la *libérée* les moyens les plus moralisateurs pour se relever.

Asiles temporaires

Quand, malgré les visites antérieures à la libération et malgré la célérité à venir en aide à une protégée, on craint qu'une femme se trouve sans domicile pendant quelque temps, l'œuvre la reçoit dans ses petits asiles, si elle n'est pas un danger pour ses compagnes. Ces asiles consistent en deux modestes locations, où, sous la surveillance d'une gardienne, sont logées, blanchies et nourries les personnes envoyées par le secrétariat.

Le temps de séjour n'est pas limité. Il peut être de quelques jours, de quelques semaines; certains se sont prolongés plusieurs mois. Les femmes reçues aident au ménage, elles lavent et raccommodent les quelques hardes qu'elles possèdent encore et ajustent à leur taille les vêtements que l'œuvre leur donne pour les rendre présentables.

On reçoit aussi, aux asiles, les enfants de certaines détenues dont le cœur est maternellement navré de la séparation, ainsi que ceux des femmes sans ouvrage pour leur éviter la tentation de mendier.

Suivant les cas, on cherche à placer les enfants dans des maisons spéciales pour décharger les mères; ou, on les leur rend quand elles ont trouvé du travail.

L'enfant console et moralise la mère si elle peut le nourrir en se sentant un peu soutenue et encouragée.

Si les ressources le permettaient, on ouvrirait un plus grand nombre de ces petites maisons pour fillettes faisant un apprentissage.

Donner un métier à l'enfant c'est couronner notre œuvre, c'est *préserver la fillette* pour n'avoir pas à *relever la femme*.

Les deux petits asiles sont situés à Boulogne-Billancourt.

Ils ne contiennent qu'un maximum de six lits chacun, l'œuvre estimant qu'il est préférable d'avoir plusieurs petits asiles qu'un seul, où la promiscuité, entre femmes libérées ou femmes malheureuses et faibles de caractère, nuirait au relèvement et pourrait même provoquer des chutes.

Ressources

Les ressources très limitées de l'œuvre se composent :

1º Des cotisations des membres adhérents;

2º De subventions données annuellement par le ministère de l'Intérieur, le Conseil général et le Conseil municipal;

3º De l'intérêt des sommes versées par les membres fondateurs et bienfaiteurs;

4º Et des sommes remboursées pa. les protégées.

Admissions

Pour être membre de la Société il faut adresser une demande d'admission et être présenté par deux membres de l'œuvre, être agréé par le Conseil et s'engager à payer une cotisation annuelle, minimum de 5 francs.

Un versement de 100 francs confère le titre de Fondateur.

Une somme de 500 francs au moins donne celui de Bienfaiteur.

L'œuvre reçoit avec reconnaissance les vieux vêtements d'hommes, de femmes et d'enfants; les chaussures aussi rendent de grands services.

Le tout constitue le vestiaire du secrétariat.

On peut envoyer directement 28, place Dauphine, ou écrire de faire prendre chez les personnes.

Avis essentiel

L'œuvre ne fait jamais *quêter à domicile*.

Nous comptons, pour faire beaucoup de sauvetages, sur l'esprit de solidarité qui doit nous animer toutes, car les œuvres sont sœurs, et les anneaux de la même chaîne sociale et humanitaire.

La directrice générale,

Isabelle BOGELOT.

Documents manquants (pages, cahiers...)
NF Z 43-120-13

www.ingramcontent.com/pod-product-compliance
Lightning Source LLC
Chambersburg PA
CBHW071946160426
43198CB00011B/1571